AVATAR
L'UNIVERS DE JAMES CAMERON

Laurent MALBRUNOT

AVATAR

L'UNIVERS DE JAMES CAMERON

LA PASSION D'ÉDITER
ALPHÉE
JEAN-PAUL BERTRAND

Du même auteur

Au secours, où sont mes repères ?, Édilivre, 2007.

Cold Case, les cicatrices du passé,
Editions Alphée, Jean-Paul Bertrand, 2010.

www.laurent-malbrunot.fr

Pour toute information sur les nouveautés,
les ouvrages et les auteurs, consultez notre site :
www.editions-alphee.com

EAN : 978 2 7538 0613 9

Je voulais que le public fasse son expérience
à travers le regard des Na'vis, parce qu'il y a le thème
de la vision dans le film. Ce n'est pas juste voir,
mais plutôt percevoir à travers les yeux des autres.
(James CAMERON)

Avant-propos

James Cameron a au moins un don, celui de ne pas faire l'unanimité. Américain dans sa manière de réaliser mais canadien dans l'âme, maître du monde de cinéma ou réalisateur méprisé, il ne laisse pas indifférent. Et il le sait. Quand on lui dit qu'*Abyss* est un huis clos glauque dans les profondeurs sous-marines, il répond que ce film est un *space opera* en hommage aux grandes envolées lyriques de *2001, Odyssée de l'espace*. Si on lui dit que *Terminator* est juste un robot basique et violent, il répond que son choix était pourtant un personnage à l'allure très ordinaire. Le scénario d'*Aliens* est-il seulement celui d'un film d'épouvante bien dégoûtant ? Non, répond-il, le plus difficile a été de trouver la raison psychologique pour laquelle l'héroïne Ripley retourne affronter les créatures. Et *Titanic*, n'est-ce pas un film catastrophe de plus ? Pas du tout, le thème central c'est le passage de Rose de petite fille à femme. Mais *Avatar*, n'est-ce vraiment qu'un film de science-fiction vaguement écologique ? James Cameron répond sereinement que les interprétations de ce film sont multiples.

Visionnaire ou grand enfant ? Technicien doué ou grand artiste ? Amoureux des humains ou amoureux des machines ? À l'aise dans les grands espaces ou dans les lieux clos ? Pour peu que l'on passe outre un certain snobisme, l'univers de James Cameron ne laisse pas indifférent : il est rempli de créatures mi-hommes mi-machines, de femmes puissantes et d'hommes complexes, de mélange de métal et d'eau, de vivant et de non-vivant, avec une vision à la fois apocalyptique et remplie d'espoir. Assurément, cet univers est riche, si riche qu'il est possible d'y distinguer des lignes de force très intéressantes qui en disent long sur la psychologie du réalisateur lui-même, et, comme pour tout véritable artiste, sur la psychologie de chacun d'entre nous. L'étudier permet de toucher du doigt les fondamentaux de la construction psychologique de chaque être humain : c'est peut-être pour cela que son univers, jamais dégradé, jamais pourri, toujours en quête de transformation et porteur d'espoir, est un univers qui plaît beaucoup aux jeunes.

Mais pas seulement aux jeunes.

Terminator a donné un coup de vieux à la science-fiction qui l'avait précédé, avec un succès qui ne s'est pas limité aux jeunes garçons. *Titanic* n'a pas seulement plu à la fois aux jeunes filles – logiquement – amoureuses de Leonardo Di Caprio et aux amateurs de films catastrophes : il a dépassé tous les clivages et fait pleurer des salles entières, jeunes comme vieux, hommes comme femmes. Tous se sont retrouvés dans une histoire formidable, dont la fin était pourtant connue, en en faisant, à l'époque, le plus grand succès de toute l'histoire du cinéma. Si les foules se sont déplacées et que chacun a trouvé et laissé un peu de lui-même dans ce film, c'est bien parce qu'il révélait quelque chose, quelque chose de commun à tous. Et que dire d'*Avatar* ? En quelques semaines, contre toute attente, un film présenté comme le plus cher de tous les temps, comme de la science-fiction pour amateurs mâtinée de moult effets spéciaux, sans acteurs très connus, avec un scénario datant de plus de dix ans, se transforme, en quelques semaines, en raz de marée pour un des plus incroyables succès de l'histoire du cinéma.

Dire que le succès des films de James Cameron est essentiellement dû aux effets spéciaux 3D d'un réalisateur passionné de technologie manque singulièrement de profondeur. L'univers de James Cameron est si riche qu'il est possible de l'étudier à travers plusieurs angles de vue.

Nous ne parlerons ni du scénario (il y aurait pourtant beaucoup à dire), ni des effets spéciaux (un livre ne suffirait pas), ni des particularités du cadrage et du montage de certaines scènes, ni du merchandising. En vérité, nous nous attacherons à décrypter les soubassements (notamment psychologiques) d'un univers très complexe. Le feu et l'amour, l'eau et la fusion, le mélange et l'étranger, la technologie et le statut du guerrier, la mère envahissante et le père surarmé, la nature et les profondeurs, la métamorphose et l'accomplissement, la mort de son ombre, voilà quelques-uns des thèmes profonds de l'univers de James Cameron.

Si nous avons choisi d'étudier plus spécifiquement le film *Avatar*, la raison est double : le film est récent et donc présent dans la mémoire du lecteur, et il comporte toute l'architecture de cet univers. En effet, comme tout créateur, James Cameron est totalement investi dans sa nouvelle création, certes sans oublier le passé, mais en le dépassant et en réinvestissant complètement tout ce qu'il a fait. Toute œuvre majeure d'un artiste porte en elle une synthèse, même partielle, des œuvres qui la précèdent. Dans le cas de James Cameron, tous ses films représentent toujours une évolution de sa vision et de sa perception (à l'exception des documentaires et peut-être de *True Lies*).

James Cameron dit (citation en exergue) : « Il y a le thème de la vision [dans Avatar]. Ce n'est pas juste voir, mais plutôt percevoir à travers les yeux des autres. » Mais pourquoi la perception ? Effectivement, le cinéma, au final, ce n'est sûrement pas la réalité, mais une simple perception de cette réalité. Et l'on reconnaît un artiste à sa capacité de pouvoir déformer chez l'autre la perception de la réalité lorsqu'il est face à une œuvre de cet artiste. James Cameron souhaite que le public voie les choses à travers la vision de Na'vis : il nous paraît plus approprié de dire que le public verra les choses à travers la vision du réalisateur. Une vision complexe qui nous emmènera au plus profond de la structuration de l'individu, aux confins du monde intérieur, sur les territoires de la violence, du tout technologique, du père symbolique, dans les terres fusionnelles des premiers temps psychiques.

Étudier *Avatar* ne peut se faire sans être attentif à la psychologie sous-jacente.

Après une première partie consacrée à un portrait du réalisateur et une deuxième partie centrée sur les lignes de force de son univers, la dernière partie sera consacrée aux différents films du réalisateur, pour que le lecteur puisse se retrouver facilement dans la filmographie.

> *C'est aussi cela le cinéma pour moi. Vous venez par une porte, et vous ressortez par l'autre porte, la porte de la perception.* (James CAMERON)

PREMIÈRE PARTIE

Un portrait de James Cameron

Parler de l'univers d'un réalisateur ne peut se concevoir sans revenir sur des éléments de sa propre histoire, qu'ils soient d'ordre privé ou d'ordre artistique. Sans qu'il soit ici question de brosser un portrait complet, revenons tout de même sur des faits importants de la vie de James Cameron, faits sans lesquels une analyse, aussi partielle soit-elle, ne peut s'envisager.

Comme notre but n'était pas de proposer une biographie détaillée, il nous fallait choisir un angle d'approche : nous avons donc choisi de proposer un portrait en cinq temps, c'est-à-dire cinq époques qui ont – peut-être – correspondu aux différentes femmes de James Cameron.

Au commencement : les années Sharon Williams

James Cameron est né en août 1954 à Kapuskasing, dans l'Ontario, au Canada. Aîné de cinq enfants, il grandit entouré de ses deux frères et deux sœurs, près des chutes du Niagara. La famille y restera jusqu'en 1971, date à laquelle elle émigrera en Californie, tout près de Los Angeles.

Le premier point important est son rapport à ses parents. Il est très proche de sa mère Shirley, qui est une artiste, certes peu connue, mais ayant réellement un univers propre. Son père Philip est, lui, un ingénieur décrit comme autoritaire. Il faudrait aussi ajouter à ce couple sa grand-mère (prénommée Rose), assez proche du jeune James. C'est ce mélange détonnant artiste-ingénieur qui crée les lignes de force de James Cameron, intégrant toute l'ambiguïté du lien œdipien entre lui et ses parents.

Le deuxième point important est son lien très intense à son frère Mike. Ce dernier, qui manifeste très tôt des talents de constructeur et de technicien, participe volontiers aux caprices, aux bêtises mais aussi aux inventions artistiques de son aîné. Leur relation assez fusionnelle apporte à l'un et à l'autre un mode de communication en miroir, qui leur permet d'évoluer, de se positionner, chacun apportant ce qu'il a à apporter. Même si Mike est destiné à devenir un élément très important dans l'univers technique de James Cameron, avec de nombreuses conceptions de caméra, de structures portantes, de nombreuses prouesses d'ingénierie, il a également un certain talent artistique. Leur duo repose, comme tous les systèmes quasi gémellaires, sur un subtil équilibre entre les apports respectifs. Être jumeau (ou tout comme) est une force et une faiblesse à la fois, au cas où l'un des deux ne jouerait plus le jeu du mélange perpétuel. Ici, les deux frères sont très liés, et continuent, aujourd'hui encore, à vivre et à travailler ensemble. Nul doute que pour tous les deux, malgré d'évidents et de nécessaires conflits, cette dualité est une force.

Enfin, très tôt, le jeune James Cameron manifeste d'évidents talents artistiques, particulièrement dans le domaine du dessin, où il excelle à décalquer les bandes dessinées que son père met pourtant à la poubelle, où il dessine des vaisseaux spatiaux, des animaux étranges, des super-héros issus de son imagination ou encore des *comics*. Il semble que son désir de devenir dessinateur chez Marvel soit apparu très tôt. Comme beaucoup de grands artistes, c'est précocement que se manifestent des lignes claires de la personnalité : James Cameron est un dessinateur hors pair, avec ce qu'il faut d'équilibre, de dynamisme, de créativité dans son coup de crayon. Tous ses films seront directement inspirés de visions qu'il couche sur le papier, de préférence des esquisses au crayon plutôt que des huiles longuement travaillées. Plus tard, il officiera aussi pour les *story-boards*, ce qui est rare pour un réalisateur.

La vision de *2001, Odyssée de l'espace* de Stanley Kubrick est un véritable choc pour lui, tant et si bien qu'il retourne plusieurs fois de suite voir le film au cinéma. Nous sommes donc en 1968, et James Cameron a quatorze ans, l'âge où peuvent se cristalliser certains désirs d'accomplissement professionnel. Obsédé par ce film jusqu'à en lire des dizaines de livres, il décide de faire lui-même quelques essais en Super 8. L'eau à travers les chutes du Niagara, la destruction massive à travers l'arme nucléaire, et bien sûr les sentiments complexes apparaissent déjà dans un petit film intitulé *Niagara, or How I learned to stop worrying and love the falls*.

Lorsque la famille déménage en Californie, il s'inscrit à l'université où il obtient un diplôme de physique à la *California State University*. Il rencontre sa future femme, Sharon Williams, qui l'aide à financer certains de ses films en travaillant comme serveuse dans un restaurant. C'est ensuite le deuxième gros choc cinématographique avec l'arrivée sur grand écran de *Star Wars*, réalisé par Georges Lucas. La science-fiction, le thème de l'accomplissement, un univers personnel, le tout avec un soin obsessionnel et une réalisation très en avance sur son temps, voilà qui obsède de nouveau James Cameron qui n'a alors plus qu'un désir : devenir cinéaste. Cela tombe bien : ses deux amis proches Randall Frakes et William Wisher lui parlent d'un groupe d'investisseurs : des… dentistes qui souhaitent une réduction d'impôt ! Frakes et Wisher resteront d'ailleurs toujours aux côtés de James Cameron : ils collaboreront, et avec une véritable influence, au script de *Terminator*, de *True Lies*, de *Terminator 2*, entre autres. Toujours est-il que le film est produit pour un peu plus de 20 000 dollars, avec pour nom *Xenogenesis*.

Même s'il est toujours un peu facile de chercher (et de trouver) dans les premiers balbutiements d'un artiste les signes des grands thèmes qui vont parcourir son œuvre majeure à l'avenir, il est néanmoins indéniable que, dans le cas de James Cameron, ce court-métrage reflète bien ses obsessions présentes et futures, que cela soit à travers la forme ou à travers le fond. Ainsi, au niveau de la forme, le *design* est futuriste, certains ralentis artistiques sont déjà présents, les esquisses ou peintures de James Cameron sont présentes ici ou là (notamment au générique), et des sons métalliques rappelant le futur *Terminator* font une apparition remarquée. Quant au fond, remarquons seulement les cyborgs, les machines tueuses, les femmes aux commandes, un thème de fond complexe autour de l'étrange et de l'étranger (*xeno*).

> *C'est un clip de dix minutes qui devait servir à lever des fonds pour financer un long-métrage. À l'époque, je conduisais des poids lourds. Il a été fabriqué avec des bouts de ficelle, quelques effets spéciaux rudimentaires sont visibles. J'avais coécrit le scénario, une saga futuriste. Et certaines des idées de ce court sont présentes dans* Avatar, *la force bioluminescente par exemple. Je ne jette rien.*
>
> (James Cameron,
> interview par A. Raya, *Paris-Match*, 17-12-2009)

Mais *Xenogenesis* [1] n'est pas vraiment un projet abouti : nous sommes loin d'*Avatar*. James Cameron semble plus ou moins consciemment l'avoir conçu pour se montrer et montrer aux autres ce qu'il sait faire. Tout en vivotant tant bien que mal, il va donc aller frapper aux portes des producteurs pour montrer son film, et ce qui devait arriver arrive : personne n'y prête attention. Comme bien d'autres, il va alors chez Roger Corman, le fameux producteur de films au kilomètre. Celui-ci se montre intéressé : c'est le début d'une collaboration tumultueuse. James Cameron, comme Francis Ford Coppola, Martin Scorcese, Joe Dante, Ron Howard, fait ses classes chez un producteur de série B, mais un producteur qui, indéniablement, a « du nez ». Il va aussi y rencontrer sa deuxième femme, Gale Anne Hurd.

James Cameron n'entre pas par la grande porte : il est choisi pour superviser la conception et la construction de maquettes pour les *Mercenaires de l'espace*,

1. « Dès son court-métrage *Xenogenesis*, Cameron a déjà intégré en quoi sa mise en scène pouvait lui permettre de construire un univers qui n'existe que par le biais du langage cinématographique. Faisant appel à une maîtrise du découpage, du cadrage et de la lumière déjà époustouflante, mais aussi à presque tout ce qui est à l'époque disponible en terme d'effets spéciaux optiques (double exposition, peinture sur verre, transparence et perspective forcée), Cameron démontre que les effets optiques lui permettent de retranscrire son univers mental, à la condition *sine qua non* que toutes ces techniques fassent partie intégrante de son projet de mise en scène. Dans *Xenogenesis*, un fond noir, quelques taches de lumières et de maigres accessoires suffisent à simuler tout un univers high-tech où se côtoient êtres humanoïdes et robots géants. » (Julien Dupuy, www.excessif.com)

grande fresque cormanienne… ou plutôt copie de *Star Wars*. Réalisée pour presque rien (pour une production qui souhaitait être de qualité), le film coûte cependant cent fois le prix du *Xenogenesis*. Corman a vu grand[2] !

James Cameron est en réalité très vite parachuté responsable de certains effets spéciaux (qui ne servent pas, d'ailleurs, à grand-chose). Par la suite, il prend du galon en étant bombardé directeur artistique par Corman qui a remarqué son travail intéressant. Il faut dire aussi qu'après avoir mis à la porte un peu vite le précédent directeur artistique, Corman n'avait pas grand-monde sous la main. Le réalisateur Murakami n'est pas totalement à la hauteur ? Tant pis, James Cameron n'a pas le temps de tergiverser : il a quelques semaines pour réaliser des décors de vaisseau spatial et autres maquettes de monstres, tout cela avec beaucoup de

2. « À l'heure où *Star Wars* devenait un mythe, un autre film triomphait dans la communauté des aficionados de la science-fiction : *Battle beyond the stars*, sorti en France en 1981 sous le nom des *Mercenaires de l'espace* […] : un remake spatial des *Sept Samouraïs* (1954) d'Akira Kurosawa […] Un scénario simpliste qui promet des scènes d'action efficaces et plein d'effets spéciaux. Après plusieurs rebondissements, le scénario est finalement acheté par Roger Corman. […] Le film est un succès mitigé, éclipsé par *Star Trek*, sorti aux États-Unis trois semaines plus tôt. […] La réalisation classique de Jimmy Teru Murakami reste efficace : il a réussi à transposer une histoire de science-fiction sans tomber dans le kitsch (pour l'époque). Un soin particulier a été apporté à l'esthétique (Murakami vient du monde de l'animation). Les effets spéciaux n'ont pas à rougir de ceux de *Star Wars*. Les maquettes des vaisseaux et le maquillage des monstres ont même été primés dans ses festivals. Néanmoins, le jeu des acteurs et le scénario limitent l'éloge à Jimmy Teru Murakami. Le scénario, simpliste, est un peu bavard pendant la première heure. Malgré ces défauts majeurs, le film reste une curiosité qui n'est pas réservée qu'aux fans de séries B. » (Gaël Vaillant, Paperblog)

clous, de marteaux, d'emballages recyclés, du Scotch, le tout monté par des accessoiristes qui travaillent dans des conditions déplorables, sur un plateau non étanche à la pluie et rempli de fils électriques. Nous sommes vraiment très loin de *Titanic* et de son plateau gigantesque : c'est un difficile apprentissage. Mais les contraintes techniques ne sont jamais un problème pour James Cameron : il excelle à constituer la technique indispensable aux effets spéciaux. Et puis, comme le dit Corman, pendant que les autres marchent sur le plateau, lui, il court.

Le caractère de James Cameron s'affirme à travers sa direction des opérations, très efficace, et sa faculté de se débrouiller dans n'importe quelle condition, quitte à entrer dans des colères noires. Sa réputation de tyran n'est pas encore faite, mais un œil aiguisé comme celui de Corman aura tôt fait de remarquer le perfectionniste, l'obsessionnel, celui qui ne lâche que contraint et forcé par d'insupportables contraintes matérielles, dont l'argent qui manque finalement toujours, tôt ou tard.

> *Si ce dont j'ai besoin existe déjà, je préfère l'acheter que le fabriquer. Ce n'est pas par plaisir que je fais tout ça. Mais si cela est nécessaire, alors je m'y mets. D'ailleurs, si je n'avais pas été cinéaste, j'aurais probablement choisi un métier de scientifique, comme ingénieur ou dans la recherche fondamentale.*
>
> (James Cameron,
> cité par B. Icher, O. Seguret, *Libération*.)

Si cet argent, justement, continuera de manquer sur d'autres tournages, il coulera à flots pour *True Lies*, *Titanic* et *Avatar*, ce qui n'empêchera pas James Cameron de se plaindre d'être toujours sous la contrainte.

Quelque temps après, à la suite de sa demande pressante, Corman lui confie le poste de réalisateur de la deuxième équipe du nouveau film *La Galaxie de la terreur*, tout en souhaitant qu'il conserve la direction artistique, poste moins risqué. James Cameron s'en sort assez bien, apprenant à cette occasion les rudiments d'une vraie réalisation, à savoir le soin apporté aux dialogues avec les acteurs, les modifications scénaristiques de dernière minute pour révéler de l'émotion qui, finalement, ne passait pas dans le scénario originel, etc. La technique et les effets spéciaux ne suffisent pas, loin s'en faut !

> *Avec l'accord de Roger, j'ai ainsi pu travailler sur des scènes dialoguées avec quelques-uns des comédiens principaux. Soudain, un autre monde s'ouvrait à moi, quelque chose que je n'avais pas envisagé au départ. Il ne s'agissait plus pour moi de créer des images, mais des émotions. Quand on travaille à l'écriture du scénario et au contact des acteurs, cela relève d'une intuition évidente.* (James Cameron)

L'aventure chez Corman se poursuit différemment : des Italiens, dont Ovidio G. Asonitis, cherchent un réalisateur américain pour leur *Piranha 2 : les tueurs volants*, la suite du premier *Piranha* de Joe Dante. Ils mettent le grappin sur le jeune James Cameron, qui n'en demandait pas tant et qui voit tout de suite l'opportunité. Il fonce tête baissée, et… se fait proprement « virer » après quelques jours de tournage, juste après avoir, semble-t-il, tourné les scènes d'extérieur. Le producteur, qui n'a en effet jamais véritablement souhaité lui laisser la direction des opérations, part à Rome finir le travail. C'est un Cameron déboussolé dans une ville inconnue, furieux, obsédé, qui déboule dans la salle de montage, en mars 1981, et qui remonte la nuit, sans aucune autorisation, les *rushes*. Débusqué puis viré définitivement par Asssonitis, probablement remis dans un avion pour les États-Unis, James Cameron peut alors penser que son désir de réaliser est mort-né [3].

---

3. « Il faut comprendre que pour Cameron, pouvoir diriger ce film est une belle opportunité, mais pas un cadeau lorsque l'on sait que les capitaux sont italiens. En d'autres termes, comprenez que les productions italiennes aux USA dans les années 70/80 sont synonymes de mains liées des réalisateurs par les producteurs, budgets microscopiques, scénarios tenant sur trois lignes, tournages bouclés en quelques semaines… J'en passe. Cameron a dû céder à tous les caprices des producteurs : Ils lui ordonnent d'intégrer une scène vaguement érotique (la zone de chalandise étant avant tout les ados. Et le sexe, à cet âge-là, ça fait presque l'unanimité), de couper les scènes explicatives trop longues (car les pubères n'auront que faire de l'histoire puisqu'ils viendront voir un film d'horreur). Bref, l'accumulation de toutes ces contraintes condamne dans l'œuf toutes les ambitions artistiques du réalisateur. *Piranha 2* n'est pas une catastrophe, mais ce n'est pas vraiment non plus un film DE James Cameron (le scénario n'étant pas de lui, ça lui enlève une partie des responsabilités). On est encore bien loin de ce qu'il sera en mesure de montrer de son génie par la suite. Mais pour un premier film, il ne s'en sort pas trop mal, il n'y a pas grand-chose à reprocher à sa réalisation. Il y a un semblant de suspense et on ne s'ennuie pas. On ne peut vraiment pas dire que ce film soit une nullité absolue. C'est un film correct, dans le sens où il se laisse voir. Cameron parvient à noyer les carences grâce à un montage « speedé » plutôt intelligent et des piranhas animés de façon assez crédible. Résultat, le film se situe qualitativement dans la bonne moyenne des films d'horreur de série B de l'époque. » (critique *Sci-fi universe*)

Cependant, pour raisons de revente de la compagnie de Corman, le film n'est pas présenté dans les salles américaines. C'est un soulagement provisoire pour son réalisateur, car il sera représenté, mais un an et demi après, soit en juin 1983. James Cameron usera de toute l'influence qu'il viendra d'acquérir avec *Terminator* pour remonter le film à sa façon, ce qui sera son premier véritable *director's cut*. En quelques jours, il modifiera complètement l'organisation des scènes, ajoutera des filtres bleus ou rouges selon le point de vue, il supprimera presque tout ce qu'il n'avait pas tourné. Et quelques scènes apporteront déjà des renseignements pour la suite : une épave de bateau abandonné comme dans *Titanic*, un piranha sortant d'un cadavre à la manière d'*Aliens*. Cependant, point de mécanique froide du style *Terminator*, et point de communication et de guerres entre les êtres comme pour *Avatar*. Comme le réalisateur le dit lui-même, il n'y a pas grand-chose à retirer de ce film : malgré l'intérêt du nouveau montage, on ne peut pas dire que James Cameron ait commencé de main de maître.

> *Ce film-là, vous pouvez l'ôter de ma filmographie. Ce n'est pas mon film à proprement parler. Non que je me sois battu avec le producteur, il s'est pointé sur le plateau et m'a viré après quatre jours de tournage. Le premier, de Joe Dante, vaut le coup. Celui-là est nul, ne prenez pas la peine de le louer !*
>
> (James Cameron,
> interview dans *Paris-Match*, 17-12-2009)

La suite est bien compliquée pour lui : hébergé chez son fidèle ami William Wisher, il vit à peine des affiches qu'il peint. Inspiré par *Mad Max 2* de Georges Miller (qu'il mettra dans ses trois films l'ayant le plus influencé), influencé par les *psychokillers* de l'époque (*Halloween*, *Vendredi 13*), lucide sur la popularité, à l'époque, des *slasher movies*, James Cameron écrit tout de même, en très peu de temps, le scénario de ce qui va devenir son premier véritable fait d'armes.

L' émergence d'un style : les années Gale Anne Hurd

Une des plus fécondes périodes de son existence commence donc avec l'écriture, très inspirée, de *Terminator*.

L'idée semble, d'après l'auteur, née un rêve : l'image d'un robot qui sortirait d'un océan de feu lui était venue lors du tournage de *Piranhas 2*. Il écrit assez vite le script d'un robot à l'allure d'homme qui reviendrait du futur.

> *J'ai vu l'image d'une figure de la mort, métallique, sortant d'un feu comme le Phénix : je me suis réveillé, j'ai pris un crayon et du papier, et j'ai commencé à dessiner. Quand j'ai eu cette idée du Terminator, j'étais malade, cassé, à Rome, avec aucun moyen de revenir chez moi et je ne parlais pas la langue. J'étais entouré de gens qui ne pouvaient pas m'aider. Je me senti fou : c'était alors facile d'imaginer une machine avec un revolver. À ce point de folie, il était facile de créer un personnage.*
>
> (James Cameron, *IMDB.com*)

Au début du film, le spectateur voit une ville transformée en champ de ruine, avec des squelettes d'humains sur le sol. Ce sont des robots, créés par le superordinateur Skynet, qui dominent le monde : nous sommes au lendemain d'un holocauste nucléaire. Une petite résistance s'est formée et est composée des derniers humains sur Terre. Mais la bataille semble être perdue d'avance… Los Angeles, 1984 : à la faveur d'une sorte d'orage électromagnétique ouvrant une brèche dans le temps, un être mystérieux fait son apparition. Il s'agit d'un Terminator T-800, un robot en réalité recouvert de tissu humain, envoyé du futur pour une mission meurtrière : il est joué par Arnold Schwarzenegger. Son but est de tuer une certaine Sarah Connor, qui est destinée à être la mère du futur chef de la résistance humaine (John Connor) durant la guerre qui va commencer contre les machines. C'est alors qu'un autre homme, Kyle Reese, arrive aussi du futur, envoyé cette fois-ci par la résistance, avec pour mission de protéger la jeune femme et la sauver du Terminator. Il réussira de justesse, après moult rebondissements, le robot étant quasiment invincible. Kyle Reese y perdra la vie, mais restera comme le père de l'enfant que porte désormais Sarah.

Le scénario est tellement accrocheur que James Cameron lui-même se rend compte de son potentiel, et refuse immédiatement de le monnayer : il accepte finalement de le vendre symboliquement (pour 1 dollar) à Gale Anne Hurd (désormais productrice) avec l'accord que le film issu de ce scénario ne se fera qu'avec lui-même aux commandes de la réalisation. Fort logiquement, les studios se montrent intéressés, mais sont peu décidés à laisser les manettes à quelqu'un qui n'a encore rien montré de convaincant.

Pendant ce temps, James Cameron présélectionne différents acteurs pour jouer le fameux Terminator. Il conçoit celui-ci comme quelqu'un de très ordinaire, mais un peu froid, un peu effrayant, une sorte de gangster de film noir, le col relevé, le regard inexpressif et les mains dans les poches pour être prêt à dégainer. O.J. Simpson, Lance Henriksen (qui jouera un policier en charge de la protection de Sarah Connor) et bien d'autres sont ainsi auditionnés. Alors que rien de convaincant ne s'offre à lui (sinon Lance Henriksen, qui jouera le droïde d'*Aliens*), James Cameron reçoit la visite d'Arnold Schwarzenegger qui vient auditionner pour le rôle de Kyle Reese, sur les conseils de son agent. Très vite, Schwarzenegger est intéressé, surtout par le robot. Le réalisateur le dessine alors mi-homme, mi-robot, et c'est l'évidence : il est exactement celui qu'il faut pour le rôle du Terminator.

> *Arnold ne se fond pas dans la foule. Je n'ai pas totalement oublié l'idée de réalisme, d'ambiance poisseuse, mais le ton du film s'est plus rapproché d'un cauchemar.*
>
> (James Cameron)

Le film prend immédiatement une autre dimension : Schwarzenegger est d'abord compliqué, mais il est très iconique, il a un caractère difficile, mais il est très fiable, il a un fort accent autrichien, mais une présence absolument fantastique. De nuit, avec un vêtement en cuir, sur sa Harley Davidson, ou nu dans la fameuse scène introductive dans le repaire de motard, l'acteur est impressionnant : il deviendra immédiatement culte, loin devant les *Conan* qu'il venait de tourner. Avec cet acteur, ce scénario, Gale Anne Hurd arrive à proposer à James Cameron d'être produit par Hemdale Film Corporation, toute jeune filiale d'Orion Pictures. Pour 6 400 000 dollars, l'aventure est très intéressante, néanmoins le réalisateur devra faire des coupes pour pouvoir boucler son budget. Cela ne fait rien : le film est en marche.

Rien n'effraie James Cameron : il se met très vite au travail, concevant et dessinant lui-même les véhicules, le Terminator, le décor de 2029, écrivant en même temps le cahier des charges aux designers et aux maquettistes, supervisant les effets spéciaux, mettant la main à la pâte pour tous les bricolages de dernière minute... Les maquettistes de la société Fantasy II Film Effects se démènent dès lors pour concevoir, sur les plans de James Cameron, le fameux char qui broie les crânes, les vaisseaux, l'artillerie, avec un soin tout particulier pour le Terminator. Celui-ci doit pouvoir être vu comme un crâne d'acier sous des chairs, comme un squelette robotique sans enveloppe humaine, avec un bras dans lequel on peut mettre un coup de cutter, etc. L'image deviendra mythique et assurera dès lors une renommée internationale à son concepteur. C'est, à notre avis, la première véritable œuvre artistique aboutie du réalisateur, à savoir ce mélange d'intérieur et d'extérieur, d'humain et de machine, de vie et de mort, une métamorphose permanente d'une chose dont personne ne peut dire si elle est vivante ou non.

Mis en scène dans l'urgence, *Terminator* multiplie les scènes d'action frontales, avec force bagarres, meurtres, incendies, cascades, courses poursuites, le tout filmé de main de maître, avec toujours le spectateur mis en position d'être lui-même pourchassé par le Terminator. Des scènes cultes parcourent le film, de la première partie (en 2029), glaciale, avec peu de dialogues, la double scène introductive avec les arrivées antinomiques de Kyle Reese et du Terminator, la scène oppressante de la boîte de nuit, la scène finale…

Les personnages principaux sont, chez James Cameron, peu complexes dans leurs grandes lignes : ils veulent s'en sortir à tout prix, ou arriver à leur but à tout prix, miroirs de leur créateur, obsessionnel et tyrannique, méticuleux et froid, mais plein de ressources de vie, ne se laissant jamais dévier de sa course, sinon contraint et forcé par des événements qui ne dépendent pas de lui. Plongées et contre-plongées n'effraient pas le réalisateur, qui s'investit corps et âme dans un film où sa mécanique fait merveille, où son sens de l'action allié aux fondamentaux des bons scénarios (comme la nécessité de sauver Sarah Connor ou le rôle symbolique du père) est vite reconnu.

D'autres films, flairant le bon filon, tenteront de revisiter *Terminator* : mais, qu'ils s'appellent *Atomic Cyborg, R.O.T.O.R, Robocop*, aucun ne parviendra à retrouver le souffle de *Terminator*. Les thèmes sous-jacents, que nous étudierons par la suite, ne sont pas à la hauteur, ne gardant que la destructivité, le règlement de comptes, sans penser au mélange eau-feu, à la métamorphose, à l'introspection, à l'éternité comme le fait James Cameron. Seule la trilogie *Matrix* des frères Wachowski sera – presque – à la hauteur, avec des intelligences artificielles qui se retournent contre leurs créateurs, un rapport au temps subtil et spectaculaire, une manière de filmer correspondant à une vraie réflexion sur l'instantané et le réel : quand on a affaire à de vrais créateurs, les univers « se tiennent » toujours.

Dans *Terminator*, James Cameron met tout de son univers propre : l'holocauste nucléaire, le statut du guerrier et du père, la place de l'être élu, le mélange humain – machine, avec un sens du rythme exceptionnel. Cet univers-là, les producteurs l'ont finalement assez vite repéré. Ainsi, avant de tourner *Terminator*, il a reçu en commande l'écriture de deux suites : *Rambo 2*, et *Aliens 2*. Le premier est très intéressant, de l'aveu même de Stallone, qui décide tout de même de réécrire complètement la fin (il le regrettera plus tard). James Cameron rend également, très vite, un scénario pour *Aliens 2*, un scénario si intéressant que, fait rare, les producteurs acceptent d'attendre la fin du tournage de *Terminator* pour voir s'il est aussi bon réalisateur que scénariste. Ils ne seront pas déçus : en effet, *Terminator* sort sur les écrans et devient vite un succès. De plus, le film est primé à Avoriaz, gage de qualité et de reconnaissance de la profession et d'un certain public.

Aliens 2 est donc sur les rails.

Pour ce film, les contraintes sont établies dès le début : le film doit sortir à l'été 1986, avec Sigourney Weaver comme personnage central ; il doit être tourné en moins de six mois en Grande-Bretagne, dans les studios Pinewood ; c'est Gale Anne Hurd, avec laquelle il vient de se remarier, qui sera aux commandes en tant que productrice.

Comme Sigourney Weaver se fait prier pour tourner un second volet de la saga, la production demande à James Cameron une autre version du scénario, où elle n'apparaît pas. Le réalisateur refuse tout net, le parcours de Ripley étant ce qui l'intéressait le plus dans ce film. En effet, un de ses problèmes d'écriture fut de trouver la raison pour laquelle Ripley accepte cette mission qui, elle le sait, va l'obliger à fréquenter à nouveau les aliens, il est vrai pas très sympathiques. James Cameron considère que cette raison devait être psychologique :

> *Un de mes plus grands problèmes pour l'écriture du film était de trouver pourquoi Ripley revient. Cela devait être psychologique. Une des choses qui m'ont intéressé le plus était le fait qu'il y a beaucoup de soldats du Vietnam ayant participé à des combats intenses qui se sont réinscrits dans les listes pour repartir. Car ils avaient ces problèmes psychologiques, et devaient faire avec. C'est comme un démon interne à exorciser.*
>
> (James Cameron, interview par Randy Lofficier, 2001)

En Angleterre, le tournage ne se passe pas très bien, la méthode de travail n'étant pas la même entre Anglais et Américains. Avec seulement 18 millions de dollars de budget et un planning serré de cinq mois, l'équipe fait face à des techniciens anglais pas aussi stressés que les Américains, avec une hostilité particulière envers le réalisateur que certains trouvent trop jeune. Sa réputation ne s'améliorera pas, d'autant que quelques techniciens – et pas des moindres (le directeur de la photographie, un assistant réalisateur) – seront purement et simplement mis à la porte.

L'histoire écrite par James Cameron part de la fin du deuxième film, mais après une errance de cinquante-sept ans en hypersommeil pour l'héroïne. La navette *Icarius* est en effet récupérée par un vaisseau et ramenée à la station spatiale. Ellen Ripley (Sigourney Weaver) est rapidement condamnée par quelques dirigeants de la compagnie pour l'explosion du Nostromo, la commission refusant de croire à la présence d'une créature extraterrestre. Ripley signale néanmoins la présence de centaines d'œufs sur la colonie LV-426. Or le contact avec cette planète est un jour rompu. Le responsable de la compagnie, Carter Burke, monte alors une expédition militaire, avec, comme conseillère technique, Ripley qui veut exorciser ses démons. Les marines atterrissent dans un complexe totalement dévasté et, très vite, découvrent une petite fille, Newt, seul être humain ayant survécu aux aliens. Très rapidement, ces aliens attaquent et tuent une grande partie des marines. Les rescapés se cachent et espèrent bloquer les prédateurs qui les poursuivent. Le site devant exploser sous quatre heures, il faut trouver un moyen de partir : c'est alors l'humanoïde Bishop proposera de se faufiler dans un conduit pour pouvoir télécommander la seconde navette jusqu'à eux. Ripley va récupérer la petite fille qui a, entre-temps, été capturée et mise au milieu des œufs de la reine des aliens. Bishop réussit de justesse, sauvant Ripley, Newt et Hicks. Dans la dernière scène, Ripley doit affronter, protégée dans une sorte d'exosquelette mécanique, la reine des aliens, dont elle a brûlé tous les œufs. Elle s'en sortira et pourra s'en aller loin, très loin.

Très spectaculaire, *Aliens, le retour* n'est pas qu'un enchaînement d'effets spéciaux : son rythme, son atmosphère étouffante et la présence d'une vraie tension (qui en fait plus un film à suspense qu'un film d'horreur) obligent le spectateur à s'impliquer.

Les problèmes continuent avec la postproduction, puisque le montage initial fait plus de deux heures trente, et que le compositeur James Horner n'a que trois semaines pour écrire ses partitions. Les tensions sont vives, et le film ne sera prêt qu'à la toute dernière limite. Le studio Fox, qui a du mal à croire au film, décide de mettre le paquet promotionnel sur un autre film, *SpaceCamp*, qui rapportera à peine 10 millions de dollars. *Aliens* est, en revanche, un immense succès (pour ce genre de film), avec plus de 130 millions de dollars finalement récoltés. Viennent enfin sept nominations aux oscars pour deux récompenses (effets visuels et son), et l'élection de James Cameron comme meilleur réalisateur de l'année par la *National Association of Theatre Owners*.

Les critiques négatives pleuvent néanmoins (à quelques exceptions près), la plupart d'entre elles soulignant la sauvagerie, les armes, la violence, alors que, dans l'univers de James Cameron, les arènes des guerrières et des guerriers sont toujours des lieux où la psychologie a une place au moins aussi importante que la technologie. Certaines scènes sont pourtant spectaculaires, notamment la dernière qui est un combat épique entre une femme protégée par une armure d'homme et un alien (*a priori* féminin) au squelette quasi mécanique. L'ambivalence intérieur-extérieur, le statut du père et de la mère, le lien entre humain et non-humain, tout cela prend une importance déjà considérable.

Aliens gardera toujours une place importante dans le cinéma de James Cameron, puisqu'il s'agit de son premier grand film de commande. Il proposera d'ailleurs, comme à son habitude, une version *director's cut*, très intéressante, puisqu'elle ajoute des scènes indispensables, dont celle où Ripley (qui sort de cinquante-sept ans d'hypersommeil) apprend que sa fille est morte depuis bien longtemps.

Le réalisateur décide ensuite de se consacrer à un sujet plus personnel, plus proche de ses propres démons. Et ceux-ci touchent l'apocalypse nucléaire, l'infini de l'océan et de l'espace, la vie extraterrestre. Très vite, il écrit une ébauche de ce que sera *Abyss* :

Le divin spectacle d'une grande vague immobile vient directement de mes rêves. C'est là, la source d'inspiration du film. Durant toute ma vie, j'ai fait un cauchemar où une énorme vague se dirigeait vers le rivage, cachant la lumière du soleil et transformant le jour en la nuit. Dans mon inconscient, cette vision inquiétante est devenue complètement liée à la peur de mourir, et notamment à celle de l'holocauste nucléaire. Ces rêves d'apocalypse nucléaire m'ont souvent tourmenté lorsque j'étais petit, dès que j'ai découvert, vers une dizaine d'années, la véritable horreur du monde dans lequel je vivais.

(James Cameron)

Inspiré par *2001, Odyssée de l'espace* de Kubrick, James Cameron décide de créer son *space opera* sous l'eau, et conçoit un scénario surprenant à bien des égards. L'histoire montre un commando de Navy Seals, qui est envoyé dans une station sous-marine (la station de forage DeepCore). Cette dernière est dirigée par Bud Brigman, joué par Ed Harris. Dans le commando est présente la future ex-femme Lindsay (Mary Elisabeth Mastrantonio) et conceptrice du DeepCore, venue pour aider à récupérer les têtes nucléaires contenues dans un sous-marin américain coulé près d'eux, au fond de la fosse. Tandis que le lieutenant en charge de l'équipe subit le mal des profondeurs, une tempête arrive et coupe la liaison à la surface. L'enfer commence, avec le manque d'oxygène. Lindsay doit effectuer un acte héroïque pour sortir l'équipage d'une situation difficile : elle manque de mourir. Bud doit descendre pour désamorcer les têtes, et ne devra son retour qu'à des êtres sous-marins étranges, des extraterrestres… Dans la version intégrale, ces extraterrestres déclencheront un tsunami gigantesque pour détruire des Terriens en passe d'engager un conflit nucléaire, avant de se raviser, à la dernière minute.

Le tournage du film fut très difficile : James Cameron décida de remplir la cuve d'une centrale nucléaire en construction de milliers de litres d'eau chlorée. Le décor de la station DeepCore (trente-six tonnes d'acier trempé) pourra être ainsi noyé sous vingt-huit millions de litres d'eau (il fallait cinq jours pour son remplissage). Le réservoir faisait treize mètres de profondeur, avec, à son sommet, pour simuler l'impression de grands fonds et obtenir le noir absolu des grandes profondeurs, une bâche noire qui isolait le plateau de la lumière du jour. En plus de difficultés techniques inouïes, cela occasionnera des désagréments aux acteurs, notamment Ed Harris qui devait porter des lentilles. Comme souvent dans ses films, James Cameron mettra les acteurs à rude épreuve : certains, parmi les principaux, craqueront souvent. Des tee-shirts seront créés avec des inscriptions comme *The Abuse*, *Son of Abyss*, *Life is Abyss And Then You Dive*, *SS Abyss Survivor*, *I worked with James Cameron and I survived*, etc.

Le film subira, encore une fois, les foudres de la critique. La scène de résurrection de Lindsay, pourtant très symbolique du cinéma de James Cameron, est particulièrement critiquée. Le budget pharaonique, l'irresponsabilité du cinéaste, le propos niais, tout sera prétexte aux règlements de comptes. Il est vrai que le réalisateur, sous l'intense pression des studios, a dû se résoudre à couper dans un montage initial de plus de trois heures : il a ainsi enlevé de nombreuses scènes qui apportaient de la densité, et a coupé le final avec le tsunami. La morale du film (selon James Cameron) devient alors confuse : il se rattrapera toutefois avec le *director's cut*, des années plus tard. L'ensemble semble donc manquer de cohérence et, malgré un oscar (encore une fois pour les effets visuels), *Abyss* ne rapportera aux États-Unis que 90 millions de dollars, ce qui n'est pas vraiment un succès au vu de son coût et au vu du projet du réalisateur.

Les thèmes sont pourtant intéressants, classiques du cinéma de James Cameron : l'apocalypse avec l'ouragan et le tsunami, l'amour complexe entre Bud et Lindsay, la résurrection des deux héros, les aliens, le nucléaire, le mélange liquide-vivant, la technologie qui finit toujours par montrer ses limites.

Il semble aussi que cela soit pendant le tournage que la séparation (qui va mener au divorce) de James Cameron et de sa productrice Gale Anne Hurd soit effective. La justesse et la violence du conflit entre les deux personnages du film tiennent sûrement à la réalité du conflit personnel que vivait James Cameron.

Il n'empêche que, si le réalisateur arrive à combiner ses passions (la plongée), ses obsessions (le nucléaire, l'extraterrestre), son histoire (le divorce), ses compétences (caméras sous-marines révolutionnaires conçues avec son frère Mike, effets spéciaux) dans une histoire un peu spéciale, c'est parce qu'il investit complètement son univers, quitte à devenir ingérable dans son exigence. Avec tout grand artiste, la cohabitation est souvent houleuse, car il ne suit que sa propre vision.

Un monde violent : les années Kathryn Bigelow

Durant l'année 1987, James Cameron est décidé à reprendre le personnage du Terminator, d'autant plus qu'un scénario de sa main est déjà très abouti.

Divorcé d'avec Gale Anne Hurd, James Cameron se marie avec la réalisatrice Kathryn Bigelow, qu'il connaît depuis *Aux frontières de l'aube* en 1987, et pour laquelle il écrira et produira *Point Break*, thriller assez violent. À partir de ce moment-là, la réalisatrice restera une sorte de muse pour lui : il produira *Strange Days* en 1995, et gardera toujours de bonnes relations avec elle, contrairement à celle qui lui succédera. Kathryn Bigelow aura clairement une influence esthétique sur lui, favorisant un univers plus violent, plus noir, plus politique peut-être.

C'est Arnold Schwarzenegger qui persuade le producteur de son dernier film (Mario Kassar) de racheter les droits de la franchise Terminator aux studios précédents, avec lesquels James Cameron ne s'entend plus. L'affaire est conclue pour 5 millions de dollars, avec le projet de *Terminator 2* au budget prévisionnel insensé de 100 millions de dollars. Nous sommes effectivement en mai 1990, et un tel budget est incroyable, malgré le succès prévu (Schwarzenegger est désormais très connu, James Cameron aussi, et l'attente après un premier opus réussi est énorme).

La sortie de *Terminator 2*, prévue pour le week-end de la fête nationale l'année suivante, fait que le délai est assez court, malgré les sommes gigantesques mises en jeu. En trois mois, le script définitif est rédigé (toujours avec l'aide de Wisher), car James Cameron a eu l'idée pour faire revenir Schwarzenegger, qui était tout de même mort dans la première partie, de le transformer cette fois-ci en gentil robot. Cela n'était pourtant pas l'idée de l'acteur, qui aime à perpétuer les rôles qui ont marché.

> *Quand vous avez des personnages, un univers, un style et un rythme que les spectateurs apprécient, ils sont prêts à écouter un nouveau morceau qui serait une variation sur ce même thème. Le secret, c'est de réussir à les surprendre, comme a pu le faire* Terminator 2, *qui reposait sur une surprise fondamentale: le méchant du premier film y devenait le gentil, et toutes les règles établies par l'original s'en retrouvaient bousculées.*
>
> (James Cameron, interview *Première*, 5-2-2010)

D'octobre 1990 à avril 1991, le tournage s'effectue avec les mêmes difficultés que d'habitude, mais avec beaucoup plus d'argent. Remarquons que plus d'un quart du budget est attribué à la conception des logiciels améliorant les effets spéciaux numériques et autres procédés de *morphing*. La conception du T-1000, qui doit être liquide, multiforme et en même temps très réaliste, requiert une énergie incroyable : cela ne peut arrêter James Cameron qui a déjà passé des milliers d'heures sur la conception de caméras sous-marines pour *Abyss*, et qui continuera pour *Titanic* et pour *Avatar*.

Le réalisateur, une fois de plus, est inspiré : nous sommes au lendemain de l'holocauste nucléaire du 29 août 1997, avec quelques survivants humains entrés en résistance contre les machines. Dans le premier épisode, l'ordinateur qui contrôle les machines, Skynet, a envoyé (en 1984) un Terminator dans le but d'éliminer Sarah Connor dont le fils était appelé à devenir le chef de la résistance humaine. Cette fois-ci, Skynet décide d'envoyer un T-1000 pour supprimer le jeune John Connor, alors âgé de dix ans. Ce Terminator d'un nouveau genre est plus perfectionné, avec une constitution interne sous la forme d'un « poly-alliage mimétique », ce qui lui permet de changer de morphologie à volonté, d'encaisser les chocs et de se diviser. De nouveau, la résistance réagit en envoyant, à son tour, un Terminator T-800, qui a été capturé puis reprogrammé pour protéger John Connor. Le scénario a été conçu pour laisser un doute sur le véritable méchant, tout au moins dans les premières scènes. L'équipe composée de Sarah Connor, de son fils et du T-800 arrive de justesse à se sortir des griffes du T-1000, et décide d'aller empêcher la conception de l'ordinateur Skynet en se mettant à la recherche de l'ingénieur qui le concevra. Après de nombreux rebondissements, ils arrivent presque à leurs fins, et détruisent le T-1000 dans une cuve de métal en fusion. Néanmoins, le T-800 doit être « terminé » par John Connor, pour ne pas qu'il reste de puce électronique du futur.

Le scénario a prévu une place importante à Sarah Connor, qui devient « habitée » par le cataclysme à venir, qui navigue entre folie et raison, entre lucidité et paranoïa, entre masculinité et féminité, et qui se transforme finalement en véritable Walkyrie des Temps modernes. Le script a été prévu pour que le spectateur voie les choses du point de vue de son fils, John Connor, un jeune garçon en mal de père et de repères, un jeune qui, en définitive, se révélera être à la hauteur. Cet épisode le verra perdre sa naïveté, son enfance mais gagner un père.

Le montage est de nouveau une partie de plaisir pour les assistants, James Cameron étant toujours aussi exigeant, enlevant une image par-ci et une image par-là, le compositeur (Brad Fiedel, déjà à l'œuvre pour le premier) devant suivre sa marche forcée. Les producteurs, bien que plus conciliants, mettent encore une fois la pression pour que le film ne dure pas trois heures. James Cameron fournira très vite le *director's cut*, avec quelques scènes en bonus : Sarah Connor tente ainsi de se débarrasser du T-800 pour changer le cours de l'histoire, et le T-1000 montre l'étendue de ses talents en tuant encore plus (notamment le chien de John). Ce montage-là, à l'instar des autres *director's cut*, est définitivement le meilleur montage du réalisateur, conférant plus de densité, plus de profondeur aux personnages.

Même avec le premier montage (cependant très efficace), *T2*, comme il est appelé, est un énorme succès, précédé il est vrai d'une campagne marketing bien ficelée : il rapportera 520 millions de dollars, somme extrêmement élevée (seul l'excellent *Danse avec les loups* fera mieux). Le générique de fin (*You could be mine*), signé Guns N'Roses, deviendra en France un des tubes les plus importants en 1991. Le fait que l'acteur Arnold Schwarzenegger prononce à peine 700 mots n'enlève rien à son aura, bien au contraire : certaines répliques seront cultes, notamment la fameuse phrase : « *Hasta la vista, baby.* »

L'univers de James Cameron trouve ainsi une dimension supplémentaire, avec un film réussi qu'il qualifie, entre autres, de diatribe anti-guerre (quitte à faire hurler ses détracteurs). Certes, *Terminator 2* est assez violent, mais d'une violence uniquement destinée à se sortir d'une situation d'étouffement : les personnages sont symboliques, caractéristiques du renouveau conceptuel du réalisateur, toujours prêts à se remettre en question. Les thèmes du premier opus sont complètement repris avec une profondeur insoupçonnée, notamment les statuts du père, de la machine et du réel qui prennent une dimension exceptionnelle. Au rayon des anecdotes, nous pouvons rappeler James Cameron lui-même intervient dans son film : c'est sa voix que le spectateur entend quand le T-1000 hurle à la mort à la fin du film.

Le couple formé par James Cameron et Kathryn Bigelow semble mourir aussi à l'époque du tournage.

Juste après, le réalisateur entamera une relation avec l'actrice qui joue Sarah Connor : Linda Hamilton.

Un succès mondial et difficile : les années Linda Hamilton

Dans *Terminator 2*, l'actrice avait pris son rôle à cœur, notamment en s'entraînant physiquement de manière intensive : son allure « sportive » est dans la continuité de celle de Sigourney Weaver, avec muscles apparents, armes à feu, regard franc. Linda Hamilton était cependant quelqu'un de fragile, notamment en raison de certains troubles d'origine bipolaire (le père de Linda souffrait aussi de ce trouble) avec, malgré les médicaments, une alternance d'état d'euphorie et d'état de tristesse. Elle deviendra un temps dépendante à la cocaïne et à l'alcool (mais avant de rencontrer James Cameron). Avec ce dernier, elle décida assez vite d'agrandir leur famille, et une petite fille naîtra en 1993. Ils se marieront beaucoup plus tard, en juillet 1997.

À cette époque, James Cameron déborde de projets, le succès de *T2* et ses quatre oscars facilitant les discussions. Il pense à un remake de *la Planète des singes* avec Schwarzenegger. Il continue, nous l'avons dit, d'écrire et de produire pour Kathryn Bigelow qui reste, malgré tout, plus qu'une muse, une âme sœur (ils se retrouveront aussi aux oscars début 2010 avec *Avatar* et *Démineurs*). Il fonde une compagnie d'effets spéciaux, Digital Domain, qui sera à l'œuvre pour ses prochains films.

Il a également un autre projet, plutôt abouti, *Spiderman*. Le scénario qu'il a écrit est rapidement jugé remarquable par beaucoup de personnes, dont Stan Lee, le célèbre créateur du héros. James Cameron proposait, entre autres, qu'il y ait une scène d'amour entre Parker et Mary-Jane Watson et que l'ADN de Parker soit profondément transformé par la morsure de l'araignée, le tout dans un monde apocalyptique et marqué par la technologie au service du bien et du mal. Malheureusement, comme le studio Carolco, qui avait acheté les droits de *Spiderman* pour le réalisateur, est en faillite, James Cameron doit se rapprocher de la Twentieth Century Fox. C'est pourtant Sony Pictures qui récupère l'intégralité des droits, à la suite de problèmes juridiques pour lesquels la Fox semble ne pas avoir été à la hauteur, au moins selon le réalisateur :

> *Ils (NDR : les responsables de la Fox) sont si frileux. Pour quelques centaines de milliers de dollars en frais d'avocat ils auraient pu avoir une franchise qui leur en aurait rapporté des milliards. Ils ont tout foutu en l'air.*
>
> (James Cameron,
> interview par Rebecca Keagan, 2009)

Le projet n'aboutit donc pas et James Cameron s'en détourne, assez amer. Il est vrai que l'univers de *Spiderman* aurait pu correspondre au sien. Enfin, c'est à cette période que Schwarzenegger le pousse à visionner un film français rythmé mais bon enfant, *la Totale*, réalisé par Claude Zidi. Le scénario plaît à Schwarzenegger qui se voit bien en agent secret et bon père de famille à la fois, puis à James Cameron qui, probablement, en sent le potentiel. Les autres projets avortant, le réalisateur décide d'adapter le film en 1992 : il demande un budget faramineux, bien au-delà des 100 millions de dollars. Pour réaliser un remake d'un film français avec quelques scènes d'action, le projet est ambitieux, et les railleries s'accumulent sur le besoin de grandeur, la mégalomanie, les excès de quelqu'un qui ne peut pas faire les choses comme tout le monde. James Cameron, lui, ne se pose pas de questions : il veut les moyens de ses ambitions, sans complexe. Avec Schwarzenegger et Jodie Foster, l'affaire est potentiellement rentable, et le tournage est donc programmé. Cependant, au dernier moment, c'est Jamie Lee Curtis qui remplace Jodie Foster.

Le scénario, assez fidèle à l'original, prend un relief particulier en 1993, année des attentats au World Trade Center, où, pour la première véritable fois, des terroristes attaquaient les Américains sur leur sol.

Dans *True Lies*, Le personnage principal est Harry Tasker, représentant en informatique : c'est en tout cas ce qu'il dit à sa femme Helen (et à leur fille). En réalité, il est un agent secret faisant partie de l'agence Omega Sector, spécialisée dans la lutte anti-terroriste. Lors d'une soirée, Harry Tasker découvre que le milliardaire Jamal Khaled est membre du Crimsom Jihad, un groupe terroriste. Pendant ce temps, sa femme Helen travaille comme secrétaire dans un cabinet d'avocats. Un peu délaissée par son agent secret de mari, elle tombe amoureuse d'un inconnu (par téléphone), qui prétend être un agent secret. C'est en réalité un vendeur de voitures d'occasion, un séducteur fait miroiter le danger, le mystère, un charmeur inquiétant et excitant pour une jeune femme rangée. Harry décide de s'amuser avec cette histoire, mais tout dégénère assez vite. En définitive, Helen et lui se retrouveront et se découvriront après de nombreuses et spectaculaires scènes d'action.

Le film est un divertissement au second degré assez bien réussi, mais sans rien d'exceptionnel, à part le sens du rythme du James Cameron. Le script fait des clins d'œil complices à *Commando* et *Last Action Hero* (avec Schwarzenegger), à John Woo, et surtout aux James Bond :

> True Lies *se place à la fois en James Bond et en anti-James Bond. Éliminez le contexte de la Guerre froide et les vilains d'envergure internationale, que reste-t-il de 007 ? Le fantasme ultime de l'homme ! Un célibataire se promenant dans le monde entier et dont le crédit sur le compte en banque semble illimité. Il vit dangereusement mais sort toujours indemne des aventures les plus risquées. Il est toujours plus intelligent que ses adversaires, séduit une superbe femme durant chaque mission. Lorsqu'il la plaque, c'est pour une autre. Cet homme symbolise la plus totale insouciance masculine. Dans* True Lies, *je prends ce fantasme que j'oppose avec les problèmes de l'homme ordinaire, réel. Un homme marié, père d'une adolescente, conscient de ses responsabilités*

envers sa famille et ses amis. James Bond n'a jamais connu une telle existence. Les premières minutes, c'est le fantasme bondien à l'état pur. Ce fantasme se désintègre lorsque Harry Tasker rentre chez lui, dans sa petite maison, et ramasse le journal devant la porte.

(Interview de James Cameron, *Impact* n° 53)

À sa sortie, certaines critiques cherchent la polémique politique, mais le scénario a été écrit bien avant les attentats. Et James Cameron s'amuse à créer de méchants Arabes en carton-pâte, le tout dans un film comique, produit d'une époque, malgré tout, plus innocente : le procès ne durera pas longtemps. Le film est un succès mitigé, nettement inférieur à *Terminator 2* (un peu plus de 350 millions de dollars au box-office mondial). Rien d'exceptionnel à cela : les thèmes favoris du réalisateur, notamment le mélange humain-machine, l'apocalypse, la métamorphose du personnage central, le lien complexe entre homme et femme, aucun n'apparaît vraiment. Tel n'était pas le but, selon James Cameron. C'est aussi pour cette raison que l'étude de la deuxième partie de ce livre ne concernera pour ainsi dire pas *True Lies*, qui est du domaine de l'aimable divertissement.

Après cet intermède, James Cameron continue de produire, notamment *Strange Days* (qu'il coécrit) pour Kathryn Bigelow. Lors de la production d'*Abyss*, il avait accumulé une abondante documentation à propos du Titanic. En lui qui est un amoureux de la plongée, de l'eau, de l'idée de catastrophe, l'idée fait son chemin.

Il décide de se lancer, à la condition de pouvoir lui-même filmer le vrai bateau, dont l'épave a été retrouvée à 4000 mètres de profondeur.

Ce sera le film de tous les excès. Tellement cher dans son budget prévisionnel, *Titanic* nécessitera la coproduction de deux studios habituellement concurrents, la Twentieth Century Fox et la Paramount : il faut dire que James Cameron prévoit plus de 150 millions de dollars. Et quand on connaît ses dépassements de budget, il y a de quoi être inquiet. Et les producteurs le sont d'autant plus que plusieurs films existent déjà sur le paquebot le plus célèbre de tous les temps (des films pas obligatoirement très anciens). James Cameron leur explique calmement qu'il s'agira surtout d'une romance sur fond de catastrophe annoncée.

> *Quand j'ai fait des recherches pour* Abyss *(1989), j'ai été fasciné par la technologie utilisée pour explorer l'épave du* Titanic. *J'aimais beaucoup* A Night to Remember *(1958, Roy Ward Baker) et* Titanic *(1953, Jean Negulesco), mais je me suis demandé si on ne pourrait pas intégrer dans un film ce qu'on sait maintenant de ce qui s'est passé cette nuit-là et créer une histoire qui ferait des allers et retours entre présent et passé. J'avais aussi envie de raconter une histoire d'amour. J'avais essayé dans* Abyss, *mais sans faire passer l'histoire d'amour avant le récit de science-fiction. Quand ces deux idées se sont combinées, tout m'a semblé se mettre en place.*
>
> (James Cameron, *Première* n° 250)

James Cameron insistera pour que les assiettes, les verres, les bois précieux, les couleurs, les textures, etc. soient identiques aux originaux, quitte à ce que cela coûte très cher. Il fallait que tout soit parfait pour que le spectateur plonge tête baissée dans l'année de la catastrophe, et n'y voie que l'histoire d'amour et de fin d'un monde, sans essayer de repérer ce qui ne pouvait pas être vrai. Le tournage durera cent soixante jours, entre juillet 1996 et mars 1997.

Auparavant, James Cameron avait plongé plusieurs fois pour filmer le véritable vaisseau : les images seront saisissantes, mêlant le réel à l'imaginaire. La construction du décor débutera à Rosarito Beach, au Mexique. Le bateau, les canots, et les fenêtres furent réalisés à 90 % de leur taille originelle, tandis que le plateau construit sur vérins hydrauliques pouvait contenir plus de soixante millions de litres d'eau. James Cameron fait aussi construire une grue de cinquante-cinq mètres, pour réaliser de longs travellings. Il utilisera aussi beaucoup les effets spéciaux (plus de 20 millions de dollars), notamment pour un fameux plan où la caméra passe à travers la fumée du bateau pour s'en éloigner.

Le réalisateur tournera finalement plus de deux cents heures de pellicule, dans des conditions complexes pour les acteurs et lui. Kate Winslet manquera de se noyer, et les techniciens, comme d'habitude, deviendront aussi inquiets que les producteurs. Au vu des proportions prises par le budget, James Cameron renoncera même à son salaire de 8 millions de dollars, ainsi qu'à son pourcentage sur les recettes. Il se rattrapera largement, par la suite, grâce à ses revenus de producteur. C'est finalement la Fox qui prendra en charge les dépassements de budget.

James Cameron a conçu un scénario autour d'un jeu de miroir entre le destin de Rose et le destin du bateau. C'est en explorant l'épave du paquebot (à la recherche d'un trésor) que l'expédition dirigée par Brock Lovett découvre le croquis d'une jeune fille nue, avec pour seule parure un diamant extraordinaire appelé le « Cœur de l'océan ». Apprenant cette découverte, une vieille dame centenaire, Rose Calvert, se présente comme l'inconnue au diamant. La vieille dame commence alors le récit du drame. Le 10 avril 1912, le Titanic appareille pour sa première Transatlantique, emportant vers les États-Unis plus de 2000 passagers. À son bord, les passagers de troisième classe font la fête, tandis que c'est tout le gratin de la haute société anglo-américaine qui s'installe en première classe. Smith commande le bateau, et Bruce Ismay, président de la White Star Line, est présent, de même que Thomas Andrews, concepteur du paquebot. Une jeune fille, Rose, voyage avec sa mère, Ruth Dewitt Bukater, qui veut la fiancer à Caledon Hockley, un riche parti. Mais Rose étouffe dans cette vie-là, et décide de se jeter à la mer du haut du pont : elle est sauvée de justesse par Jack Dawson, un jeune dessinateur passager de la troisième classe. Leur histoire d'amour commence, et Rose demande à Jack de poser nue avec pour seul attribut un diamant magnifique que lui a offert Caledon.

C'est cette nuit-là que le Titanic, incapable de manœuvrer assez vite, heurtera un iceberg géant. Cloisons étanches crevées, le paquebot n'aura plus que deux heures avant de sombrer. Or le nombre de canots est insuffisant pour sauver tout le monde. La panique gagne. Jack et Rose vivront ensemble les derniers instants du Titanic avant de se réfugier sur une planche, à bout de forces... Jack fait promettre à Rose de ne jamais abandonner, et il succombe de froid et d'épuisement. Dans la dernière scène, Rose, centenaire, jette à la mer le diamant qu'elle a conservé, là où Jack a disparu.

Quand le film sort, il surprend tout le monde par l'intensité de la tragédie : alors qu'on attendait James Cameron avec des effets spéciaux incroyables, le réalisateur surprend en proposant seulement un réalisme époustouflant. C'est surtout la *love story* qui étonne le plus parmi les fans de James Cameron : certains, d'ailleurs, considéreront qu'il ne s'agit pas de son film le plus personnel. À tort, selon nous, puisque l'eau, la fin d'un monde, l'accomplissement de l'héroïne prouvent que les thèmes du réalisateur sont bien là. L'histoire d'amour est une des plus belles du cinéma, et la fin a fait pleurer des millions de spectateurs. Comment ne pas se souvenir de Rose sur le canot à qui Jack dit les plus belles paroles qu'une femme puisse entendre ? Comment oublier le dernier mouvement de caméra où Rose retrouve Jack en haut de l'escalier ?

C'est James Horner, de retour en grâce auprès de James Cameron, qui a composé la musique. Il a même, en secret, fait enregistrer Céline Dion pour *My heart will go on*, dont il pressent le potentiel. Ce disque sera le *single* le plus vendu de l'histoire de la musique, et *Titanic* deviendra très vite le film le plus vu dans le monde entier. Les spectateurs viendront le revoir plusieurs fois, sur de nombreux mois, et il restera à l'affiche très longtemps, voguant vers plus de 1 800 millions de dollars de recettes dans le monde.

Titanic, ce n'est pas juste un film catastrophe bien réalisé (malgré quelques scènes de mauvais goût, comme la scène du crachat), c'est surtout le monde de Rose qui s'effondre sous les eaux, c'est son intense désir de survie entre autres insufflé par Jack, c'est l'accomplissement œdipien d'une jeune fille magnifiquement mis en scène. Comme chaque homme ou chaque femme retient ses larmes dès lors qu'il ou elle n'est plus un enfant, il n'est pas évident de se laisser porter par une telle histoire. C'est peut-être aussi voir ce que l'on n'est pas ou ce que l'on n'a pas, ce qui est plus difficile, passé l'adolescence.

Titanic, c'est aussi la démesure de l'homme via la technologie, c'est l'apocalypse et la résurrection, l'effondrement d'un monde au profit d'un autre, la symbolique de la métamorphose.

> *Ma tâche la plus écrasante lors de la réalisation de* Titanic *ne fut pas, comme on pourrait le croire, de créer le grand spectacle. Ce fut le modelage de moments intimes, tant au stade de l'écriture qu'ensuite, en travaillant avec Kate Winslet et Leonardo DiCaprio. Nous savions tous les trois, à notre durable angoisse,*

que le sort du Titanic *reposait sur notre capacité à le guider à travers des icebergs de l'emphase, et à faire battre le cœur du film par des gestes, des regards, des sourires esquissés, de phrases suspendues, maladroites… le vocabulaire de l'amour naissant.*

(James Cameron, *Le Livre du film*, Éditions 84, 1997)

Succès phénoménal et inespéré, le film recevra onze oscars pour quatorze nominations. Certains critiques trouveront que James Cameron ne sait toujours pas écrire de scénario, mais lui se déclare « roi du monde » durant la cérémonie des Oscars. Il est vrai que cette sortie n'ajoute pas à sa réputation de modestie.

Les critiques réussissent tout de même à atteindre le réalisateur, qui part pour de longues années sans tourner de film. Le succès, les attaques, la difficulté du tournage, tout cela n'explique pas tout : probablement James Cameron a-t-il tellement mis de lui-même dans cette histoire qu'il est provisoirement vide. Il lui faudra faire encore un saut intime très important pour découvrir en lui les ressources qui lui permettront de mettre en chantier *Avatar*.

Avec ce film, la vie de James Cameron bascule encore une fois : il entame une relation avec l'actrice Suzy Amis (rencontrée sur le tournage du film *Titanic*), avec pour conséquence sa séparation d'avec Linda Hamilton. La moitié des revenus que le film avait rapportés est, semble-t-il, attribuée à Linda Hamilton, qui obtient également la garde de leur fille Joséphine.

Ce divorce coûtera cher aux deux parties, financièrement pour l'un et émotionnellement pour les deux.

Il y a eu les premières années avec Sharon Williams, les années d'émergence d'un nouveau style visuel et combatif (marquées par *Terminator*) avec Gale Anne Hurd, les années plus violentes avec Kathryn Bigelow, et enfin des années difficiles avec Linda Hamilton à préparer et à vivre avec *Titanic*.

C'est un autre monde qui commence alors.

Une sérénité active : les années Suzy Amis

James Cameron se marie avec Suzy Amis, mais n'en a pas fini avec son bateau : en 2001, il effectue des plongées sur l'épave, pour un film en 3D, appelé *les Fantômes du Titanic*. Il utilisera aussi le submersible Mir pour une expédition sur l'épave du cuirassé Bismarck (coulé en 1941) pour le documentaire *Expedition Bismarck*. Lui qui est fan du commandant Cousteau, il coréalisera *Aliens of the deep*, et produira *Last Mysteries of the Titanic*, *Volcanoes of the deep sea*, *Titanic Adventure*.

Parallèlement, sa quête des profondeurs se double d'une recherche spirituelle, ce qui renforce l'idée d'un parcours intérieur complexe qui, après des années de combat avec *Aliens* et les *Terminator*, avait connu un certain aboutissement avec *Titanic*. Un de ses proches, le Dr Charles Pellegrino, auteur d'un livre sur ce film, lui fait part de son projet consacré au *Tombeau de Jésus*, livre, expédition puis documentaire télévisuel de Simcha Jacobovici. James Cameron s'y investit énormément, en lisant avec voracité des dizaines de livres sur ce Ier siècle de christianisme. Des experts, des archéologues, des historiens sont convoqués pour déterminer si oui ou non, ce tombeau découvert dans les années 1980 au sud de Jérusalem peut être celui de Jésus. Il poursuivra avec un documentaire sur l'exode des Juifs à la suite des « plaies » qui se sont abattues sur l'Égypte, toujours avec les mêmes personnes aux manettes.

La recherche des origines, une quête théologico-archéologique, un peu ésotérique selon les uns mais richement argumentée pour les autres : bref, c'est un parcours réflexif qui correspond bien à cette période de la vie du réalisateur.

Parallèlement, il envisage très sérieusement un documentaire dans l'espace, par exemple dans la station spatiale internationale où il se verrait bien envoyé par une fusée. Vivre en apesanteur, regarder la Terre, aller sur Mars, explorer l'espace, « aller plus loin dans l'inconnu » selon ses propres termes, voilà à quoi James Cameron rêve. Il produit d'ailleurs *Solaris* de Steven Soderbergh à cette époque. Mais les contraintes sont telles qu'il revient à de la fiction, une fiction sur un monde nouveau, une civilisation nouvelle, loin d'une Terre dans laquelle il se sent à l'étroit, dans laquelle il étouffe peut-être. Il revient à un scénario qu'il n'avait jamais oublié, celui du futur *Avatar*.

La conception de ce film aurait, apparemment, débuté vers 1994-1995, lorsque Cameron a écrit un scénario de quatre-vingts pages pour le film. Mais la technologie nécessaire pour réaliser le film nécessitait énormément de ressources informatiques, ressources qui n'étaient pas encore disponibles. À l'instar de réalisateurs comme Kubrick qui préfèrent ne pas voir aboutir un projet plutôt qu'en concevoir un inachevé, James Cameron renonce. Il reprend son travail une dizaine d'années plus tard. Il développe donc complètement son projet à partir de 2005, s'inspirant aussi bien de Tarzan que de la science-fiction de son enfance.

En réalité, James Cameron travaillera sur deux projets en même temps, l'un nommé temporairement *Project 880* (le futur *Avatar*), l'autre nommé *Battle Angel*, tiré du manga *Gunnm*. Après avoir annoncé l'inverse quelques mois auparavant, le réalisateur annonce, début 2006, qu'il intervertit les priorités sur ses deux projets. Pendant quelques mois, soit de janvier à avril 2006, il travaille sur le script, notamment pour créer une culture pour les Na'vis, principalement leur langage qui est créé par Paul Frommer, docteur en linguistique. Il rencontre aussi Jodie S. Holt, professeur en physiologie des plantes à l'université de Californie à Riverside, afin de discuter des façons d'expliquer la communication entre les êtres vivants sur la planète. James Cameron se concentre aussi sur la technologie 3D, spécialement avec deux caméras haute définition. Néanmoins, les problèmes de dépassement de budget effraient la Fox, qui fait savoir au réalisateur qu'elle ne financera pas complètement le film. Après que le studio Ingenious Media s'est également engagé, la Fox continue finalement le projet, soit un total de plus de 300 millions de dollars.

Le tournage d'*Avatar* commencera en avril 2007 à Los Angeles et en Nouvelle-Zélande. Le tournage en *motion capture* permettra de capter les mouvements des acteurs afin de les retranscrire en images de synthèse dans l'univers virtuel de Pandora. Avant le tournage, James Cameron enverra également tous ses acteurs dans la jungle à Hawaii, afin qu'ils ressentent l'atmosphère d'une forêt tropicale humide.

Le tournage terminé, le réalisateur pourra faire monter la pression dans les médias :

> *Nous sommes en train de faire un film avec plus de 200 millions de dollars de budget et c'est le parcours d'un seul type, Jake (Sam Worthington). Il est dans toutes les scènes, de la première à la dernière. Tout tient debout grâce à cet unique élément du casting.* Avatar *se situe dans un monde différent du nôtre, mais vous aurez l'impression que vous avez déjà fait partie de cet univers.*
>
> (interview de James Cameron, *ecranlarge.com*, 11 mai 2009)

Le montage sera très long, en raison de la 3D, en raison des coupes demandées par le studio (pour que le film dure moins de trois heures…) et en raison du perfectionnisme du réalisateur, toujours capable, à la dernière minute, de changer une image. James Horner, de nouveau choisi pour la composition, travaille encore dans des conditions difficiles, d'autant plus que des morceaux nécessitent un grand orchestre. La campagne marketing de près de 150 millions de dollars – probablement un record – débute alors que le film n'est encore monté. Il sera tout de même à temps sur les écrans, mi-décembre 2009, mais avec… des années de retard sur le planning initial.

Le film commence avec le regard de Jake Sully, un ancien marine devenu paraplégique. Il a été recruté pour se rendre sur la planète Pandora, où un minerai rarissime est exploité. Ce minerai est la solution à la crise énergétique sur Terre. Sur Pandora, l'atmosphère est toxique pour les humains, et ces derniers ont créé le Programme Avatar qui permet à des humains de lier leur esprit à un corps na'vi, un corps « biologique » capable donc de survivre dans cette atmosphère. Le colonel Quaritch va diriger Jake dans sa mission : s'infiltrer auprès des Na'vis, qui deviennent des obstacles à l'exploitation du minerai. Alors que Jake est en extérieur, notamment avec le Dr Grace (exobiologiste), il est attaqué et doit s'enfuir. Heureusement, Neytiri, une princesse na'vi, sauve la vie de Jake. Recueilli par son clan, il s'intègre, se mêle à eux naturellement, et devient peu à peu l'un des leurs. Neytiri et Jake tombent peu à peu amoureux. Mais, comme la mission de Jake n'aboutit pas – et pour cause, il commence à basculer du côté des Na'vis –, les humains décident d'attaquer et de détruire l'arbre, ce qu'ils font. Malgré le courage de Jake et de la tribu, les machines prennent le dessus, et démolissent tout. Il faut l'intervention conjointe de tous les êtres vivants de la planète, tous unis dans un même élan par la divinité Mère Nature nommée Eywa pour repousser l'ennemi. Le colonel est tué par Neytiri alors qu'il s'en prenait au corps humain de Jake. Dans la dernière scène, le spectateur voit que l'exobiologiste est morte, mais que Jake a désormais totalement basculé dans son nouveau corps. Le film se clôt par son nouveau regard.

James Cameron dit s'être inspiré de films comme *la Forêt d'émeraude*, *Danse avec les loups*, *Pocahontas* mais aussi s'être rappelé un rêve de sa mère, fait bien longtemps avant l'écriture d'*Avatar :* il s'agissait d'une très grande femme toute bleue (une « image cool », selon James Cameron). Et, de surcroît, le bleu lui fait penser à l'hindouisme, conception dont il se sent assez proche. La trame du film reprend la légende de Pocahontas, que transfigura Terrence Malick dans *Nouveau Monde*. Mais il va plus loin, en direction d'un thème qui devient important pour lui : l'harmonie entre l'homme et la nature, l'union des êtres humains et non humains. Comme nous le verrons, James Cameron se rapproche de conceptions animistes, de la théorie de « Gaïa », assez proches de visions « zen », « *new age* », « ying-yang », en plus d'être un hommage aux premières nations « indigènes » (américaines ou non).

Du point de vue graphique, le réalisateur emprunte à l'univers classique des jungles, symbole du mélange primitif entre paradis et enfer, mais il se rapproche beaucoup de l'esthétisme d'un Miyazaki. Il n'est qu'à voir les montagnes ou les îles flottantes, l'arbre de vie, l'omniprésence d'êtres étranges, de dragons, de vaisseaux divers et variés. Chez les deux artistes se trouvent l'émerveillement devant la nature (bien plus profonde qu'une certaine mode écologique) et une certaine quête d'harmonie. Comme *le Château dans le Ciel* et *Princesse Mononoké*, *Avatar* développe une attitude écologique combative avec une forte présence de guerres et de guerriers, avec toujours une pointe d'optimisme sur un lit de pessimisme bien noir.

Avatar est aussi une allégorie de l'accomplissement du héros, Jake Sully. Il part d'un monde envahi par la violence, par son frère, par le manque d'harmonie, par le manque d'« énergie », un monde menacé de rigidification : il se crée une nouvelle personnalité sur fond d'apocalypse. Hésitant pendant une bonne partie du film sur le choix à faire entre ce nouveau monde peuplé par les Na'vis et son ancien monde, il fait face à lui-même, ce qui est symbolisé par les scènes où il se raconte face à la caméra : un vrai travail sur lui-même, une vraie psychanalyse qui le laisse démoli, le visage souvent défait, déprimé, ne décidant donc ou « n'interprétant » donc qu'au bout du chemin.

Avatar, c'est aussi l'accomplissement de Neytiri, même si celui-ci est moins complexe. La jeune Na'vi fait face à son attachement à sa culture, à son père le « roi » de la tribu, à sa mère qui est la chamane, et à Jake Sully qui est son élu, dès le début mais contre sa volonté. Elle le choisira dans la douleur de l'effondrement de son monde et de la mort de son père. En ce sens-là, *Avatar* montre un double accomplissement symbolique, un parcours croisé entre deux destins forcément tragiques, deux destins œdipiens (même si celui de Jake Sully est le centre du film).

Peut-être faut-il voir dans ce film un nouveau pas franchi par le réalisateur, avec une véritable analyse du parcours psychologique d'un homme, après des années à étudier celui d'un enfant ou d'une femme (*Aliens*, *Terminator 1*, *Titanic*, *Terminator 2*). Il est vrai que, dans *Abyss*, Bud était allé au bout de lui-même, et qu'il avait, comme Jake, trouvé une aide « étrangère ». Toutefois, le film n'était pas totalement abouti. Peut-être était-ce trop tôt pour James Cameron…

En quelques jours, *Avatar* bat des records d'entrée, ce qui n'était pas acquis pour un film de plus de deux heures trente. Le phénomène s'amplifie, et le film fait des bénéfices au bout de deux semaines, puis dépasse en moins de deux mois le record de *Titanic* sur le marché américain et dans le monde entier. La lame de fond du *Titanic* avait tout pris sur son passage pendant des mois, avec un parcours étonnant, puisque les spectateurs étaient plus nombreux après quelques semaines qu'au tout début (cas unique dans les annales du cinéma). *Avatar* prend, lui, le chemin classique du *blockbuster*, certes aidé par un déchaînement médiatique mondial (James Cameron n'avait pas sorti de film depuis 1997), la technologie 3D (spectaculairement utilisée par un réalisateur au sens de l'action hors du commun), mais surtout boosté par un bouche à oreille plutôt rare.

Malgré des critiques mitigées de professionnels, le public adhère encore une fois à un conte de James

Cameron. Peut-être l'époque était-elle propice aux thèmes chers au réalisateur, notamment cette recherche de nature, cette quête de vérité, ce besoin d'identité. *Avatar* contient aussi le concept du besoin d'accomplissement par un retour aux sources, ce qui est fortement présent notamment aux États-Unis (qui font un réel travail de deuil de leur Histoire depuis les attentats du 11 septembre 2001, la série *Cold Case*, étudiée dans un livre précédent, en étant un excellent exemple).

Peut-être James Cameron a-t-il encore beaucoup de projets intéressants : personne ne le sait sauf lui. Et puis, un projet ne veut pas dire un film : seul le résultat compte, finalement, dans la création d'un artiste. Sur le plan privé, James Cameron semble avoir acquis une certaine sérénité : son couple avec Suzy Amis est stable depuis de nombreuses années, ils ont trois enfants Claire, Quinn et Elizabeth Rose, et il participe activement aux activités caritatives de sa femme (il participe à son « univers »).

Probablement le dessinateur James Cameron continuera-t-il longtemps de dessiner des êtres mi-humains mi-machines, des êtres d'eau et de feu…

Probablement le réalisateur James Cameron continuera-t-il longtemps de mettre en scène des êtres inaccomplis qui cherchent le renouveau et l'épanouissement dans des univers complexes…

Probablement le plongeur James Cameron continuera-t-il longtemps de plonger en lui-même…

Il était nécessaire de revenir, simplement en quelques pages, sur la vie du réalisateur, car *Avatar* ne peut se comprendre sans s'être penché sur ce parcours.

Allons désormais explorer les lignes de force de l'univers de James Cameron à travers ces différents films, notamment le dernier.

Dans cette partie où nous parlerons du thème du double et de l'incarnation, nous nous permettrons ainsi de citer James Cameron, mais aussi, en miroir, Jake Sully d'*Avatar*.

Parfois, toute votre vie se résume en un geste fou.

(Jake Sully)

DEUXIÈME PARTIE

L'univers de James Cameron

C'est ce que j'ai dit aux gens du studio : si vous prenez Pocahontas, Danse avec les loups, Les Aventures de Zak et Crysta *dans la forêt tropicale de FernGully et que vous mélangez le tout dans un shaker, vous obtiendrez* Avatar.

(James Cameron, interviewé dans *Première*.)

Voilà comment James Cameron a présenté son film aux producteurs, avec toujours ce mélange de provocation et de naïveté. Qu'il se présente comme un enfant ou un adolescent toujours dans ses rêves ou qu'il fasse preuve de maturité responsable, il sera toujours regardé d'un drôle d'œil par les producteurs comme par les critiques. Le public, lui, ne s'en occupe pas : ses films marchent, mais ce ne sont pas obligatoirement les mêmes spectateurs qui les apprécient. Quoique…

Pour *Avatar*, James Cameron a construit de nouveau un film avec un budget pharaonique, mis des mois et des années pour le filmer et le monter, en restant fidèle aux thèmes qui lui sont chers, mais en leur ajoutant, comme tout artiste, des couches supplémentaires dans des directions multiples.

Ce titanesque projet à plus 300 millions de dollars, James Cameron le convoitait depuis quinze ans, mais il a lui a fallu attendre que la technologie évolue, pour pourvoir confectionner de nouvelles caméras 3D de type *motion capture*.

Nous allons voir que ce film va au-delà d'un fantasme adolescent, au-delà de la réhabilitation d'une science-fiction *fantasy* héritée des *seventies*. James Cameron invente un univers, autour d'une planète (Pandora) inventée de toutes pièces, avec tous ses animaux et ses indigènes, les Na'vis, évoquant, au minimum, les Indiens d'Amérique. Mais ce ne seront pas eux les étrangers : ce seront les humains, tous ces scientifiques et ces militaires assoiffés d'on ne sait quoi. Cependant, si, parmi eux, certains cherchent à les comprendre (notamment leur rapport à la nature), les autres cherchent à les détruire pour exploiter les ressources minières de leurs terres.

James Cameron imagine pourtant un récit classique : un jeune marine, de surcroît handicapé pour bien souligner son besoin de réhabilitation, s'infiltre chez les Na'vis par l'intermédiaire d'un avatar lui permettant de contrôler le corps d'un Na'vi. La simplicité du récit, les archétypes, les dialogues directs, voire simplistes correspondent tout à fait au cinéma épuré du réalisateur. Sa force réside au moins autant dans sa capacité de créer un univers que dans le pouvoir qu'il a d'instantanément le casser et le détruire selon des schémas de découpage spatial et temporel. L'action est toujours lisible malgré le rythme effréné de certaines scènes, jamais le spectateur ne perd le fil de l'histoire, jamais le regard ne se perd à contempler, jamais l'envoûtement n'amène à la torpeur.

Nous ne nous attarderons pas sur l'aspect technologique du film (la 3D, la création des animaux et des plantes, la conception des vaisseaux, les problèmes techniques du tournage...), l'essentiel étant, selon nous, ailleurs. Notons juste que James Cameron a inspiré tous les dessins :

> *Les créatures et les paysages que j'avais inventés n'existaient qu'à un stade embryonnaire. [...] Mes créatures se résumaient souvent à des fantômes aux contours flous. Ces fantômes n'en ont pas moins guidé l'ensemble du processus créatif. À bien des égards, mes choix ont dû paraître bien étranges aux créateurs réunis autour de moi dont je guidais le trait et la palette jusqu'à ce qu'émergent les êtres que je souhaitais.*
>
> (James Cameron, *Avatar*, L'Archipel)

Nous verrons que, dans *Abyss*, dans *Terminator 2*, voire dans *Aliens*, c'étaient l'eau et le métal liquide qui prenaient figure humaine, grâce à la technologie. Dans *Avatar*, la seconde peau pour les acteurs est une peau de synthèse, une peau toute bleue (le spectateur oublie assez vite qu'elle n'est pas réelle). Un virtuel presque organique, avec des scènes troublantes en gros plan où le visage des créatures laisse entrevoir une peau presque vivante. Ce seront même, paradoxe souhaité par James Cameron, les créatures de synthèse qui seront les plus humaines.

Certains critiques verront dans ce film une dimension politique, avec une sorte de critique ouverte d'une Amérique impérialiste massacrant volontiers des Indiens, des Vietnamiens ou des Irakiens, Et pourtant, dans *Avatar*, nous verrons que la rupture semble bien prononcée entre les deux civilisations, avec des machines qui devraient être au service de l'homme et non du militaire. Le véritable enjeu du film repose peut-être sur une idée de dépassement du concept de vivant, du concept d'humanité, à travers une vision de la mort complexe, à la fois adolescente et ésotérique, avec de la lucidité mais aussi de l'espoir, loin, très loin d'un monde pourri où chaque être humain désabusé devrait s'occuper en premier lieu de sa petite personne.

Dans cet univers, le rapport, nous le constaterons, est à la fois simple et complexe : la Mère Nature veille, en fournissant des liens physiques entre les êtres. Plus encore qu'une fable écologique, loin d'une ode à la guerre que certains y voient, pas exactement un règlement de comptes avec le 11 Septembre, *Avatar* compose un univers numérique et bleu qui pourrait paraître froid, mais qui se révèle chaud, complexe, avec de nombreuses facettes, faisant de ce film un condensé des thèmes chers au réalisateur, chers à l'époque, donc très intéressants à analyser.

Jake Sully, un messie écolo pour indigènes ?

> Avatar *est un film d'aventures qui se déroule sur une terre inconnue, où un être humain va être confronté à une nouvelle culture à laquelle il va finir par s'intégrer. C'est une vieille histoire qui a été racontée un bon nombre de fois, notamment dans des films comme* Le Dernier des Mohicans, Lawrence d'Arabie *ou* L'homme qui voulut être roi. *Donc, pour moi, c'est une histoire classique racontée avec une technologie de pointe.*
>
> (James Cameron, interview par A. Bordas, le *Figaro Magazine*, 5-12-2009)

L'histoire d'*Avatar* est effectivement celle du changement de vie de Jake Sully, qui va investir son nouveau corps, sa nouvelle tribu, sa nouvelle vie. Et pourtant, Pandora est très inquiétante, par ses animaux et par ses êtres au mode de vie fortement inspiré de tribus indigènes. Quand Jake Sully arrive pour finalement tout changer, il n'y a qu'un pas pour y voir une allégorie du Messie qui viendrait sauver une tribu un peu arriérée, un Messie blanc de surcroît.

Dans ce film comme dans bien d'autres, on pourrait y voir le jeune aventurier qui va dans le désert ou dans la jungle à la recherche de sensations fortes. Après y avoir rencontré des autochtones, il constaterait qu'ils sont, finalement, dignes, emplis de spiritualité, voire purs. En se mêlant à eux, en leur proposant des informations nouvelles, en leur indiquant une voie à suivre, en leur présentant une mission quasiment religieuse, il apparaîtrait alors comme une révélation, comme le

Sauveur, comme un véritable Messie, qui les conduirait dans une croisade vertueuse contre sa propre civilisation, forcément complètement pourrie.

Cette vision est bien évidemment absolument caricaturale, probablement davantage celle d'une série Z que de films comme *Danse avec les loups*, *Pocahontas*, *Le Dernier Samouraï*, *Ferngully* (selon les propres termes de James Cameron) et donc *Avatar*. *Danse avec les loups*, pour ne citer que lui, est une fable très désenchantée sur la fin d'un monde, sur la difficulté de mélanger les peuples, avec un héros qui est tout sauf messianique.

Ne voir dans *Avatar* qu'une culpabilité envers l'oppression de certains peuples, notamment les Indiens [1], semble bien limité. Si certes le « multiculturalisme » a le vent en poupe (James Cameron avoue ne pas y être insensible), il n'est pas possible de réduire ce film à des bons sentiments de pardon, sinon à trouver un prétexte pour critiquer vertement ce film.

---

1. Selon Stephen Corry, le directeur de Survival International : « Les derniers peuples indigènes du monde – de l'Amazonie à la Sibérie – sont, comme les Na'vis d'*Avatar*, également en danger d'extinction, leurs terres sont spoliées par de puissants intérêts pour des raisons lucratives telles que la colonisation ou l'exploitation forestière et minière. » Il a ainsi regroupé plusieurs témoignages d'indigènes qui associent leur culture à celle de Pandora, et qui voient dans *Avatar* un véritable message pour la Terre. Ainsi, un Penan du Sarawak (partie malaisienne de l'île de Bornéo), a déclaré : « Nous, le peuple penan, ne pouvons vivre sans la forêt. Elle nous protège et nous la protégeons. Nous comprenons les plantes et les animaux parce que nous habitons ici depuis de nombreuses années, depuis des temps immémoriaux. Les Na'vis d'*Avatar* se lamentent parce que leur forêt est détruite. Il en est de même pour nous, les Penan. Les compagnies d'exploitation forestière abattent nos grands arbres, polluent nos rivières et font disparaître notre gibier. » (*Première*, 28-1-2010)

Certes, dans *Avatar*, le héros est un ancien marine, un Blanc, un peu perdu dans son monde, qui va sur une planète où les indigènes sont grands, minces, bons chasseurs cueilleurs, respectueux de l'environnement, habillés de tenues fortement inspirées de celles des Indiens[2], des aborigènes et autres peuples africains. Il arrive avec des armes, et eux ont des flèches, il arrive avec la guerre et eux ont la paix, il arrive avec des problèmes de conscience individuelle et eux ont une conscience collective. Certes, il va réussir à épouser la belle femme indigène, à mater l'oiseau de feu et renverser le cours des choses.

Sans nier un côté fleur bleue chez James Cameron, il convient de voir plus loin et d'envisager, comme nous allons le faire, de lire le film entre autres au prisme de l'accomplissement œdipien.

Si l'on veut aussi voir dans *Avatar* la critique d'un monde de technologie avancé, la porte est grande ouverte : leurs outils de communication sont à peine esquissés, à part leur tresse absolument incroyable. À l'heure humaine d'une technologie sans fil ultrapuis-

2. « Et, comme toujours, les indigènes nous sont présentés comme des êtres attachés à des rites dépassés et que doit guider vers le combat le héros intelligent du film. Armé d'une mitraillette pour anéantir l'envahisseur, ce Na'vi d'un type nouveau à l'allure d'un féroce exterminateur donnera l'exemple en montrant à ces pauvres indigènes comment combattre sans pitié et établir leur suprématie. Cela n'est pas sans rappeler les westerns américains où, presque toujours, un vaillant cow-boy finissait par s'associer aux Indiens pour les inciter à se battre à mort contre l'armée américaine. En servant ainsi de justicier, pareil héros participait subtilement à une déculpabilisation nécessaire quant au génocide des peuplades d'Amérindiens. » (P. Desjardins, *le Monde*, 27-1-2010.)

sante, ils en sont encore aux connexions filaires – il est vrai avec un réseau type Internet particulièrement développé. Effectivement, pourquoi ne pas y voir le mythe du paradis de la nature, exempte de toute technologie forcément froide, mais aussi, plus profondément, exempte d'éducation, de limites, de justice, de ministère de la Défense et donc de terrorisme ? Sur ce dernier point, James Cameron ne s'est pas caché d'avoir fait allusion à la guerre en Irak, guerre à la justification pour le moins floue.

Dans la série « film à message », le ton écologique d'*Avatar* peut laisser à penser que la nature peut apporter l'essentiel, que s'y ressourcer amène à une conscience soulagée, une paix avec soi-même. Il est un peu facile de voir dans les Na'vis uniquement des indigènes bleus avec une sensibilité écologique.

Dans cette logique de critique, ce qui est plus difficile à comprendre tient au besoin qu'aurait cette population d'un Messie, puisqu'ils sont si bien dans leur communauté en autogestion (si près de la tribu bienheureuse qui n'a pas vu l'homme blanc). Cette proposition ne tient pas, puisqu'un Messie est censé apporter la foi, soit à l'origine une révélation qui va entraîner l'adhésion à un système de pensée.

Voir aussi dans *Avatar* une métaphore des attentats du 11 Septembre, perpétrés par des terroristes en mission, semble une évidence : l'arbre tombe comme les tours jumelles de New York sont tombées. Ainsi, voir les Américains de 2001 dans les Na'vis naïfs quant à la puissance de l'ennemi, pourquoi pas. Aller beaucoup plus loin ne nous semble pas nécessaire, quoiqu'en pensent certains critiques[3].

Si *Avatar* fait effectivement polémique (entre autres aux États-Unis), cela est peut-être dû à la capacité qu'a James Cameron et qu'ont les films grand public de déchaîner certaines haines. Qu'*Avatar* ne soit pas la critique ultime de l'impérialisme et de la destruction des minorités est une évidence : de nombreux petits films et documentaires qui en sont des critiques bien plus acerbes n'ont pas la chance d'être autant attaqués.

Ainsi, aux États-Unis, ce sont les ligues antitabac qui se sont déchaînées contre Sigourney Weaver qui fume de façon ostentatoire (et avec un plaisir non dissimulé) durant le film. Puis ce sont les ligues antiracistes, avec l'argumentaire du préjugé du Blanc supérieur qui s'extasie sur les bons sauvages. Quant aux ligues néoconservatrices, elles n'ont pas vraiment aimé que le colonel passe pour un abruti, et avec lui tous les

---

3. « Tout de même, serait-il complètement insupportable de remarquer que la totalité de la fable du messie blanc, telle que Cameron l'applique, est quelque peu choquante ? Elle repose sur le stéréotype du Blanc rationaliste et technocrate tandis que les victimes colonisées sont spirituelles et sportives. Elle repose sur l'hypothèse que les non-Blancs ont besoin du Messie blanc pour mener leurs croisades. Elle repose sur l'idée que l'illettrisme mène à la grâce. Elle crée aussi une sorte d'impérialisme culturel à double tranchant. Les autochtones voient leur histoire façonnée par des impérialistes soit cruels, soit bienveillants, mais dans les deux cas, ils seront des acteurs qui soutiennent notre parcours vers l'auto-admiration. De toute évidence, il ne s'agit que de s'évader du réel, mais le romantisme bienveillant peut être tout aussi condescendant que le (romantisme) malveillant : même lorsqu'on l'enveloppe de fougères sorties de nulle part et de montagnes flottantes. » (D. Brooks, *New York Times*, 7-1-2010)

militaires engagés dans de courageuses missions. Les critiques pleuvent encore et ne cesseront pas.

Dans un tel film, il est possible de trouver ce que l'on souhaite y trouver[4]. Tandis que *Titanic* serait l'allégorie d'un monde ouvert et une terre d'avenir (l'arrivée de Rose aux États-Unis), *Avatar* serait une critique de cet impérialisme, les hélicoptères autour de l'arbre central rappelant furieusement *Apocalypse Now*. Pandora peut être vue comme un lieu cathartique, un miroir déformant du monde (notamment l'après 2001), un symbole des enjeux géopolitiques complexes bien que caricaturés dans un conte pour grands enfants.

Le passé, effectivement, fait partie du monde présent et James Cameron ne le nie pas. Barack Obama citait ainsi Faulkner dans son fameux discours de Philadelphie

4. Ainsi deux avis divergents dans *Télérama* du 12-12-2009 : « James Cameron laisse le champ libre à pas mal d'interprétations dans cet univers à l'imaginaire foisonnant. Rien n'empêche, par exemple, de penser que cette aventure n'est que pure hallucination (excès d'ecstasy ?) dans la tête de Jake. Il s'agit autant d'une guerre entre deux peuples qu'entre deux niveaux de réalité. L'un platement pragmatique, l'autre plus poétique, plus aérien, plus spirituel enfin. *Avatar*, on le rappelle, est un mot sanskrit emprunté à la religion hindoue. » (J. Morice) « Puisque *Titanic* avait piqué l'argent des fillettes (une grande histoire d'amour) comme des garçonnets (une maquette géante dans une baignoire glacée), rebelote. Pour ces dames, la faune et la flore multicolores, pour ces messieurs, des scènes de baston à rallonge – et tant pis si les deux se marient moyen. Sachant qu'*Avatar* est censé réinventer le cinéma, il fallait, aussi, lui donner un semblant de fond, un vague sous-texte : au cœur de cette interminable transposition westernienne (les Cheyennes au fin fond de l'espace), la morale pro-Indiens prendra la forme d'un gros gloubiboulga écolo et d'une exaltation panthéiste crypto-miyazakienne. Les deux sont d'un tel simplisme, d'une telle bêtise qu'on ne craint de vexer aucun croyant (écolo ou panthéiste) en recommandant la fuite ou le fou rire. » (A. Ferenczi)

en 2008 : *Le passé n'est pas mort et enterré : en fait, il n'est pas même pas passé.* Puisque James Cameron a voulu qu'*Avatar* fasse passer un message concernant le choc des civilisations, il ne peut pas ne pas être influencé par l'Histoire récente de son peuple, voire de l'histoire des peuples depuis quelques décennies.

Car l'histoire des États-Unis fait indéniablement partie de l'histoire mondiale. Si l'image des États-Unis n'est, effectivement, pas obligatoirement très bonne dans certains pays européens (pour de nombreuses raisons), l'histoire américaine concerne néanmoins une bonne partie de l'humanité, au moins depuis Roosevelt qui fut un des hommes les plus marquants de l'histoire universelle. Pour un peuple qui souhaitait rester neutre, quel revirement ! Des noms comme Jefferson, Lincoln, voire Obama résonneront probablement très longtemps. Malgré tous leurs excès, les Américains sont quelque part, quoi qu'on en pense, les garants de la liberté de nombreux peuples : leur Histoire interpelle toujours, notamment à travers de grands films.

James Cameron est canadien, même s'il vit aux États-Unis : ce détail est important, car cela lui donne un regard distancié (ce qui a pour conséquences qu'il est parfois détesté autant aux États-Unis qu'au Canada). Les États-Unis sont un peuple puissant, qui détient presque la moitié de la richesse de globe pour moins de cinq pour cent de la population, qui a un budget de la Défense représentant la somme des quinze budgets des pays qui le suivent, qui a des entreprises trustant les premières places du monde de l'industrie et de la finance. Malgré cela, leurs failles sont visibles : leur vulnérabilité s'est particulièrement manifestée à l'occasion des attentats du 11 septembre 2001. Peuple excessif, peuple qui abuse encore de ressources, peuple marqué par son Histoire (conquête vers l'Ouest, tradition du western, poids des armes à feu), peuple extraverti, peuple fécond quant à sa production culturelle, les Américains non seulement ne laissent pas indifférents, mais irritent souvent en donnant l'impression d'être de grands adolescents centrés sur eux-mêmes, parlant de leurs problèmes comme s'ils étaient ceux de tous, dans une universalité qui tient souvent plus de la jeunesse, de la naïveté que de l'égoïsme ou du vampirisme. *Avatar* est également le produit d'une certaine Amérique.

Il n'est pas étonnant que toute superproduction américaine qui a quelques velléités de faire passer un message (sans même vouloir donner des leçons) reçoive en retour des critiques à la hauteur de ce qu'elle représente. Comme le public n'est pas attaché outre mesure aux critiques acerbes ou dithyrambiques, le succès d'un film n'en dépend pas d'elles : après tout, tout cela est peut-être « de bonne guerre ».

Nous pensons cependant qu'*Avatar* peut être regardé avec beaucoup d'angles de vue.

Une fresque toujours plus coûteuse

On ne peut pas nier que James Cameron se déclare maître du monde comme un adolescent qui affronte le monde. Néanmoins, lui-même avoue simplement avoir simplement envie de raconter une histoire qui lui tient à cœur, quel que soit le budget. Quant aux studios, ils craignent assez logiquement quelqu'un qui ne semble pas stable, pas fiable, et dont les projets semblent si pharaoniques.

Il est toujours difficile de croire qu'un enfant peut être sérieux dans sa manière de dépenser l'argent de sa tirelire, ou qu'un adolescent peut être entièrement responsable quant à la gestion de son compte en banque : généralement, c'est plutôt à l'adulte que l'on s'adresse en ce qui concerne la fiabilité de la gestion de l'argent. Or le rapport à l'argent de James Cameron ne peut qu'effrayer puisqu'il semble relever plus du caprice que de la responsabilité.

Nous avons vu dans la première partie les dépenses toujours plus importantes pour les films du réalisateur, pour culminer avec *Titanic* dont tout le monde pensait qu'il allait couler avec les studios Fox. Pour *Avatar*, le réalisateur a été clair : le budget sera essentiellement dû au coût de l'édification de l'arsenal 3D et à la création d'un univers graphique propre pour Pandora. Tout était à construire de A à Z. L'argent n'est que secondaire : en ce sens-là, James Cameron effraie, puisqu'un banquier responsable préférera cent pères de famille tranquilles à un artiste dépensier. Cette vision de l'argent comme élément secondaire n'est pas des plus rassurantes, puisque, quitte à caricaturer, les personnes sont classées en deux catégories : celles pour qui l'argent ne semble pas avoir de « prix », et celles qui veulent en avoir toujours plus.

Les premiers sont souvent assez inquiétants : l'argent est un élément nécessaire pour organiser sa vie, la gérer, créer des liens avec la société, co-construire et utiliser des biens et des services, etc. Il ne s'agit pas ici des personnes qui possèdent beaucoup d'argent, et qui sont donc, logiquement, beaucoup plus libérées des contingences matérielles : il est question de personnes pour qui l'argent n'a pas vraiment de poids, d'existence, donc de prix. Il est vrai que l'enfant, lui, ne voit pas vraiment l'argent : il le dépense comme une cagnotte d'anniversaire, dans un sentiment d'urgence lié au besoin. Le rapport y est instantané : lorsqu'un banquier propose volontiers une carte de crédit *revolving*, il joue sur ce besoin présent en chaque personne de dépenser de l'argent rapidement, sur un coup de tête, en reportant le règlement dans le futur. C'est typique de l'enfant, qui ne voit que le présent, et qui a du mal à imaginer les conséquences de ses actes dans l'avenir. Lorsqu'on garde un rapport à l'argent « d'enfant », c'est-à-dire sans valeur ou sans « prix », tout reste un peu irréel. Ce n'est pas le cas de James Cameron : il a eu assez de difficultés pour connaître le prix des choses.

L'autre catégorie concerne ceux qui semblent vouloir toujours plus, pour le dépenser, le thésauriser, le montrer, etc. Lorsqu'on grandit, le rapport aux choses et aux êtres évolue, avec des schémas généralement œdipiens, qui sont des schémas ambivalents liés au rapport à la mère et au père. L'argent peut ainsi être un moyen de domination, de combat, mais aussi de protection, d'assurance : il peut être un vecteur ou une arme pour entrer en guerre contre des personnes extérieures ou contre soi-même. Montrer qu'on a plus d'argent peut être vu comme une forme de valorisation dans le combat « sexuel » pour se positionner par rapport aux autres. Montrer qu'on ne prête pas attention à son argent ou à l'argent des autres peut aussi être vu comme une forme de refus d'entrer dans l'arène où les hommes et les femmes jouent de leur désir pour se séduire et coconstruire des liens de type adulte. L'argent a, de manière évidente, cette dimension œdipienne. Avec des déclarations du type : *Je suis le maître du monde*, James Cameron pourrait très bien entrer dans cette catégorie. Cependant, à bien y regarder, même si cette dimension de l'argent ne lui est pas étrangère, il ne fait pas de l'argent un point de crispation par principe. Il ne souhaite pas par jalousie, par envie ou par conflit être celui qui gagne le plus d'argent, celui qui domine le box-office, celui qui fait mieux que Georges Lucas, Peter Jackson ou encore Steven Spielberg. Ou alors, de manière très minoritaire, quoi qu'en disent ses détracteurs.

Chez James Cameron, le rapport à l'argent est beaucoup plus artistique : il veut faire ce qu'il pense être bien, et mettre l'argent qui correspond à la réalisation de ses rêves ou, tout au moins, à ce qu'il imagine de leur transposition sur la bobine. Il est dépensier comme un artiste qui suit son idée, sans frein névrotique, sans « limites ». Lui faire un procès sur l'argent semble un peu facile.

Pour moi ; c'est très simple : il suffit d'écrire les films que vous voudriez voir au cinéma, ceux pour lesquels vous seriez prêts à dépenser votre argent. J'ai toujours fonctionné de la sorte.

(James Cameron, interview *Mad Movies*, 2009)

Le perfectionnisme selon James Cameron

Pour *Avatar* comme pour ses autres films, James Cameron se pense uniquement perfectionniste et volontaire : si l'on veut le meilleur, il faut faire attention au moindre détail, ce qui coûte très cher.

Il est vrai qu'aucun peintre sérieux ne s'imagine dessiner avec soin une partie de sa toile et délaisser une autre partie, par exemple le ciel dans une scène d'extérieur. James Cameron imagine ses films ainsi : une fresque majestueuse de plusieurs mètres carrés, dont chaque centimètre carré a été étudié. Il vaut mieux effectivement avoir du temps, de l'argent et des centaines de personnes pour la réaliser[5].

Même les plus grands peintres, les plus grands sculpteurs (par exemple Rodin) ou même des écrivains

5. « Réalisateur, scénariste, monteur et illustrateur de talent, Cameron a été l'artisan de ce projet depuis le premier jour, qu'il s'agisse de mettre au point de nouvelles techniques de tournage, d'inventer une nouvelle caméra, ou d'imaginer l'ensemble des créatures qui constituent le monde fantastique de Pandora. *Avatar* est l'enfant de Cameron de la première à la dernière image, même si de grands professionnels l'ont aidé à donner vie à son imaginaire. Ce n'est pas sans raison que Cameron a surnommé son équipe "le cerveau". Tout au long de l'aventure, il a poussé ses collaborateurs à prendre des risques, à faire preuve d'audace à tous les stades du processus créatif. » (Liza Fitzpatrick, 2009.)

(Dumas avec Maquet, Churchill pour ses *Mémoires de guerre*) ont eu des légions de commis, d'apprentis ou d'autres personnes sous leur responsabilité, tout en signant souvent leur œuvre de leur propre nom. Car l'inspiration venait d'eux, et ils n'envisageaient pas une seule seconde que l'œuvre ne fût pas à leur nom.

Cette attitude, malgré ses relents de tyrannie, se comprend : il n'y a qu'à voir ce que faisait Hergé à sa grande époque. En effet, comme l'énorme travail que lui demandait *Tintin* (nouvelle histoire, reformatage graphique des anciennes histoires, correction précise des erreurs) ne pouvait être réalisé seul, Hergé était aidé par quelques collaborateurs (dont Edgar P. Jacobs, Jacques Martin, Bob de Moor). Cependant, il a toujours refusé que les albums soient cosignés, arguant que l'esprit était le sien, l'histoire était la sienne, le graphisme était le sien, alors peu importait que quelques détails soient ici ou là modifiés par quelqu'un d'autre.

> *Je pousse les gens à donner le meilleur d'eux-mêmes. Et cela s'applique aussi à moi. Si je reviens à la maison après une journée de tournage et que mes mains ne sont pas noires, je pense que c'était un jour gâché.*
>
> (James Cameron, *Imdb.com*)

James Cameron avait prévenu dès le départ qu'il avait assez d'idées pour trois films sur l'univers d'*Avatar*. Les acteurs ont ainsi signé un contrat pour une trilogie, *Avatar* n'étant que le premier de la série. La mise en chantier d'une première suite dépendant des résultats au box-office du premier opus, il ne fait aucun doute qu'*Avatar 2* est déjà en projet. James

Cameron a aussi, fort logiquement, annoncé qu'il serait moins long à produire, les techniques de 3D étant majoritairement au point depuis le premier opus.

Le désir de produire une fresque du type de la *Guerre des étoiles* est évident chez le réalisateur. Et, à l'instar de Georges Lucas, il ne l'envisage pas sans contrôler chaque détail, quitte à en laisser les réalisations techniques à son équipe, quitte à ce que le producteur ne soit là que pour avancer de l'argent et encore de l'argent. Chez l'artiste James Cameron comme chez d'autres artistes, c'est sa pression interne qui le pousse dans ses propres retranchements et, par là-même, pousse les collaborateurs au meilleur d'eux-mêmes [6] pour réaliser cette fresque très coûteuse.

Le rôle du producteur est parfois d'être l'aiguillon du réalisateur, mais pas ici. À l'instar de grands artistes comme Stanley Kubrick ou Alfred Hitchcock, James Cameron est un metteur en scène exigeant, voire tyrannique, dont les producteurs et collaborateurs ne se souviennent pas obligatoirement en aussi bons termes que le concepteur des voitures d'*Avatar* [7].

---

6. « Jim n'est pas toujours facile, et Dieu sait qu'il a provoqué des réunions extrêmement difficiles et violentes, mais il ne s'est jamais laissé avoir par des conneries. Il n'a jamais d'exigences concernant la taille de son nom sur l'affiche ou sur son contrat contre celui d'un autre. Pour lui, ce n'est que le film qui compte. » (John Landau, *Avatar*, éditions L'archipel.)

7. « C'est vraiment facile de travailler avec Jim. Il attend le meilleur de chacun. Point-barre. Il n'y va pas par quatre chemins, il vous répète à tout bout de champ que vous pouvez mieux faire. Il est capable de tellement de choses lui-même, vous êtes bien obligé de donner le meilleur de vous-même. Cette expérience m'a énormément apporté personnellement en me permettant de développer mes propres capacités. » (TyRuben Ellington, concepteur des véhicules du film.)

La mère salvatrice et abusive

Dans l'univers de James Cameron, la place de l'enfant et de la maman prend une résonance toute particulière. Si la naissance n'est jamais abordée en tant que telle, elle est symboliquement importante, que ce soit dans *Aliens*, *Abyss*, *Terminator* ou dans *Avatar*. Pour préciser encore, disons que l'articulation mère/enfant est intéressante à étudier, au vu des fondamentaux psychologiques.

L'histoire du bébé commence bien avant la naissance, car elle commence dans la tête de ses parents. Dans *Terminator*, cela est particulièrement visible : l'enfant potentiel de Sarah Connor n'est même pas conçu qu'il préexiste (un homme sera envoyé du futur dans le passé pour protéger la future mère). Dans *Avatar*, l'histoire d'amour entre les deux héros pose immédiatement la question de la descendance, avec la possibilité de créer un être biologiquement na'vi mais, *a priori*, de descendance humaine par l'« âme » de son père. Quoique…

Le bébé est au cœur du désir d'union, de mélange, de dissemblance ou de ressemblance, du désir de mettre en relation deux corps pour créer du nouveau. Il sera aussi au centre des désirs de destruction, de possession, de transfusion, d'incorporation, de réparation. Combinaison et produit uniques de différences, l'enfant naît paradoxalement dans des désirs de vie et de mort, toujours liés dans l'inconscient.

Ce qui est le plus notable chez le jeune enfant tient en l'illusion paradisiaque d'une absence de différence, à savoir un mélange fusionnel parfait avec sa mère. La petite Newt d'*Aliens* se retrouve sans père et sans mère, et transfère immédiatement sur Ripley. Si celle-ci la prend en charge, c'est probablement parce qu'elle a appris, au début du film, que sa propre fille est morte cinquante-sept ans plus tôt (elle avait été mise en hypersommeil). Remarquons que cette information, pourtant capitale, provient d'une scène coupée dans le montage original, scène faisant partie du *director's cut*. Ripley portera dès lors cette petite fille effrayée, qui a vu les aliens, qui a vu que ses parents sont morts et qui en a pris conscience : Ripley la gardera même contre elle, contre son sein, la portant souvent comme une femme enceinte porte son futur bébé ou une jeune maman son enfant.

Car un bébé a besoin de sa mère pour pouvoir exister, une mère qui peut être décrite comme une sorte de champ originaire, comme un instant zéro, comme le terreau pour la graine qui va germer. Cette mère sera l'unique source de la duplication, de la fusion, de la liaison avec l'enfant : au début, la mère, c'est vraiment tout l'univers. Un temps de bonne fusion est toujours nécessaire pour fonder ultérieurement l'« accordage » maman/bébé, comme disent les psychanalystes, c'est-à-dire la coconstruction dynamique et interactive de liens.

Cette bonne fusion entre passé et présent crée une impression que le temps est absent : dans les bras de sa maman, le « temps » ne compte pas. Ni début, ni fin, ni compte à rebours : l'enfant est porté et reste symboliquement attaché par ce cordon ombilical fantasmatique. Dans *Avatar*, la tresse des Na'vis ressemble à s'y méprendre à une sorte de cordon ombilical qui ne serait pas tombé, gardant potentiellement ses capacités de connexion (avec une symbolique sexuelle évidente [8]). À la fin du film, le spectateur verra, durant la cérémonie rituelle des Na'vis, un corps complètement entouré de milliers de filaments, comme de multiples cordons reliés à la déesse Eywa.

Cependant, d'une fusion ne peut naître que du non-séparé, du non-différent, du dupliqué, du semblable, du copié, donc du clone. Dans *Avatar*, le thème de l'hybride qui ne peut vivre et qui doit récupérer son indépendance trouve ici ses racines. En restant « mélangé » à sa mère, l'enfant ne vieillira jamais : pour exister, il devra alors se séparer progressivement de ce paradis fusionnel, ce véritable temps du « blanc ».

> *Pandora, c'est le jardin d'Éden avec des crocs et des griffes.*
>
> (James Cameron, commeaucinema.com, notes de production d'*Avatar*)

Mais, pour que la vie puisse compter, il faut que le temps de vie soit pourtant compté, que les jours et les mois soient dès lors décomptés. Pour que l'infini ne puisse pas exister, pour que la présence de la fin donne une direction et donc un sens à la vie, un compte à rebours doit se mettre en place. Dans l'univers de James

8. D'ailleurs, le Dr Grace dit à Jake Sully de ne pas trop le manipuler parce que cela « rend sourd » (il est vrai que tout n'est pas toujours subtil dans ces films.)

Cameron, le temps est ainsi toujours compté ou décompté : le rythme de la réalisation accentue encore les minutes qui passent avant que le Terminator ne retrouve Sarah Connor, les minutes sont comptées dans *Abyss*, dans *Aliens* et dans *Titanic.* Dans *Avatar*, le spectateur sait aussi, dès le début, que la course contre la montre est engagée : l'oxygène que respire Jake Sully finira par lui manquer.

Ainsi, le psychisme de l'enfant est donc, très tôt, un théâtre d'horreurs, de terreurs mais aussi de joies, de plaisirs « sans nom » (souvent métaphorisés par l'enfer et le paradis). L'enfant survit en s'accrochant à sa mère, en la buvant, en se l'appropriant, en incorporant sa « substance », quitte à dupliquer des éléments de son psychisme (c'est-à-dire de son histoire, forcément liée à celle du père), quitte à hériter du passé, sans pouvoir encore trier. Carrefour dans l'histoire de ses parents en tant que concrétisation de leur désir, l'enfant porte tout au fond de lui la marque des ruptures, des cassures, des trous du passé : il est au centre de ce qu'on nomme désormais, en psychanalyse, une transmission transgénérationnelle. Chez James Cameron, nous l'avons précisé, le passé est, dans *Terminator*, subtilement projeté dans l'avenir, comme pour expliquer que le passé et l'avenir sont indissolublement liés. Il semble que cette transmission transgénérationnelle soit souvent porteuse de fantômes, de secrets, quelques psychanalystes parlant même de « visiteurs du moi » (De Mijolla), de « cryptes » (Abraham, Torok), ou d'information transgénérationnelle (Tisseron). La nécessaire continuation du roman des générations trouve ses ramifications dans ce fonctionnement transgénérationnel.

> *L'arbre des âmes, c'est là où ils communiquent avec Eywa, avec leurs ancêtres.*
>
> (Norman s'adressant à Jake Sully.)

Dans *Avatar* plus encore que dans *Titanic* (où l'héroïne a des comptes à régler avec son ascendance), il est possible de constater tout le poids de cette transmission, à travers le sentiment d'appartenance à une race, à une caste, à une famille, avec cette nécessité d'une histoire ancestrale. On peut véritablement parler, avec Françoise Dolto, du « fleuve qui remonte à sa source ». Toute personne vit une revisite inconsciente de l'histoire des générations passées d'où elle est issue, en s'identifiant inconsciemment à des « fantômes » du passé. La fragilité psychique d'un bébé ou de quelqu'un qui est dans une période de crise et de remise en question (ce qui est le cas de Jake Sully) le rend perméable.

Chez James Cameron plus que chez d'autres réalisateurs, la présence d'un passé, d'un présent et d'un avenir complètement liés procède donc de la nécessité interne qu'il a de reconstruire sa propre histoire, comme pour retrouver sa mère et ce que sa mère a reçu de son père, donc ce qui préexistait à lui-même. Ce n'est évidemment pas dans une série B que l'on peut retrouver la même qualité d'introspection.

Tout enfant naît dépendant de sa maman, et à un degré de dépendance difficilement imaginable. La qualité et l'intensité de l'émergence identitaire découleront de la qualité et de l'intensité de ces premiers liens : l'enfant doit avoir eu, symboliquement, « assez de maman » ou « assez de lait ». Car un enfant doit également avoir ressenti de la « haine (primitive) » de la part de sa maman, pour se donner le droit d'en éprouver lui aussi, pour elle et pour tous ses objets.

Dans beaucoup de films de James Cameron, le personnage central doit trouver les ressources (externes, internes) pour survivre, pour lutter contre une fusion avec des éléments du passé. Tout enfant doit effectivement, tôt ou tard, trouver des ressources pour ne pas se laisser ensorceler par le chant des sirènes, bien attaché au « mât » de sa propre moelle épinière, comme Ulysse au mât de son bateau, bien protégé contre les personnes « fatales », celles qui sont toujours au fond des réminiscences de mère sans père, des réminiscences de mélange sans partage. Dans *Terminator 2*, le T-1000 prend, par téléphone, la voix de la mère adoptive de John pour tenter de le manipuler et de le faire revenir à elle pour le tuer : la signification symbolique est évidente. Le jeune garçon doit trouver une ressource extérieure pour comprendre que la voix de sa mère est une voix de sirène, qui tente de l'entraîner vers la mort : sa ressource sera le Terminator T-800, en fait son « père ».

Même si cela est difficile à dire, la mère ne partage pas : elle propose, elle mélange, elle donne, c'est-à-dire qu'il faut considérer toute la dimension de fusion (potentiellement destructrice). C'est le père qui est là pour faire office de tiers, pour instaurer de la différence et ainsi du partage (selon des limites), un père qui existe déjà dans le psychisme de la mère [9].

Ainsi, si tout naît d'une fantasmatique « dyade », il faut du « tiers », pour éviter de sombrer dans la fusion. L'image de la maman ne peut qu'être contrastée : elle est à la fois envahissante et nécessaire. Dans *Aliens*, la reine des aliens est l'objet de toute la haine de Ripley, celle avec qui aura lieu le combat ultime, celle qui menace la petite Newt, c'est-à-dire elle-même. Dans *Titanic*, la mère de Rose donne l'image de quelqu'un de complètement bloqué dans l'univers de sa famille, vampirisant ainsi l'univers de sa fille.

L'enfant est donc loin d'être parfait : sans présence marquée d'un tiers, il fera effectivement tout pour maintenir son pouvoir exclusif et jaloux sur sa maman, au cours de relations dominées par l'emprise. Il est vrai qu'un enfant ne se sent jamais très loin de l'abandon : il a une peur panique de perdre sa maman.

Dans *Avatar*, le conflit de Neytiri avec sa famille est aussi révélateur : elle impose son élu dans une famille où la place de sa mère n'est pas anodine. Elle explique à Jake Sully qu'elle porte en elle toute l'histoire de sa famille, toute l'histoire des générations passées : tout est imbriqué entre corps et psychisme, entre passé et présent.

9. « Aucun psychisme ne peut s'instaurer ni s'éprouver comme tel sans se donner d'abord à penser à un autre psychisme. » (A. Green)

Pour tenter de sortir du schéma fusionnel, il faut l'implication du père « symbolique », qui va éviter à l'enfant de se laisser entraîner avec sa mère dans un maelström symbiotique mortifère, afin qu'aucun de ces deux ne puisse se placer ultérieurement en martyr d'une cause de toute façon perdue d'avance, afin que tous les deux puissent se déconnecter en douceur, afin qu'ils ne puissent pas se perdre dans une relation fusionnelle vouée à l'échec. Ainsi, dans l'univers de James Cameron, la relation à la femme va être marquée au fer rouge de ce sceau du mélange nécessaire (maman/bébé) et du sceau de la présence du père. C'est pour cela que l'image de la femme sera complexe : une femme à la fois maman et guerrière, une femme qui porte finalement en elle l'image d'un homme, une mère à découvrir et à éliminer en même temps.

Chez James Cameron, le mélange est en lui-même une thématique très forte.

Liquide et solide : le mélange humain – non humain

Dès son premier court-métrage, le réalisateur souhaitait montrer des robots autrement que sous un aspect froid et technique, cherchant dans ses robots une part d'humain donc d'humanité : à force de mélanger la machine et l'humain, il finira par arriver à un mélange très intéressant avec *Avatar*.

Tout d'abord, dans le premier Terminator le robot T-800 fait figure de nouveauté dans l'univers de la science-fiction : il a été conçu pour ressembler fortement à un humain (une architecture de métal sous une enveloppe corporelle d'allure humaine). Le premier acteur pressenti, Lance Henriksen, a d'ailleurs un visage assez froid, peu expressif : il sera parfait pour jouer l'humanoïde dans *Aliens*. Lorsque James Cameron choisira Arnold Schwarzenegger, le cyborg prendra une allure encore plus mécanique, le jeu de l'acteur n'étant pas très expressif (en plus de sa présence physique qui impressionne). La scène où le robot apparaît sous sa forme squelettique est la grande scène du film, celle qui correspond au rêve du réalisateur : derrière chaque homme, James Cameron voit un squelette robotique, comme s'il existait au fond de chacun un socle mécanique, dur, froid. Il est clair que l'on peut y voir, en miroir, le côté obsessionnel (à la limite, quasiment inhumain) du réalisateur, mais il faut probablement plus y voir la présence indirecte d'un fantasme de père froid, implacable, militaire, sans âme. (mais, au moins, présent). Il faudra bien des efforts à Sarah Connor pour se sortir des griffes du premier Terminator, non sans avoir perdu le père de son enfant.

Dans *Terminator 2*, les deux robots sont encore plus intéressants.

L'un est le T-1000, un cyborg d'un nouveau type, censé être plus évolué que la précédente génération : effectivement, son « corps » est une sorte de liquide pouvant reproduire des formes à l'infini, pouvant se reconstruire s'il est divisé en plusieurs parties et pouvant absorber les chocs. Le T-1000 est un prototype créé par le superordinateur militaire Skynet, un prototype en réalité constitué d'un alliage de type « polymimétique » qui peut se liquéfier (métal-liquide), et donc s'autorégénérer instantanément.

L'idée que le T-1000 puisse se recomposer après avoir été divisé en milliers de parties est très riche. Cela touche la notion d'explosion : quelle possibilité a un être de retrouver son unité après un éclatement interne, symbolique ou non ? On peut aussi y voir la quête de l'identité : qu'est-ce qui définit l'unicité de l'être ? Enfin, tout cela est très proche de la notion de folie : en effet, la désintégration psychotique peut faire croire à une personne qu'elle n'est qu'un agglomérat de grains ou qu'elle est plusieurs (schizophrénie, personnalités multiples). À la fin du film, le T-1000 se désintègre dans un déchaînement de mutations désespérées. La folie n'est jamais très loin de la notion d'agrégation : certains psychotiques ont l'impression d'avoir du sable dans la bouche, voire d'être faits de sable.

Derrière cela, se cache le fantasme de la divisibilité des êtres : en effet, le polyalliage mimétique est, selon James Cameron, une sorte d'assemblage très dense de micromachines pouvant imiter toutes sortes de matières. Est-il, en réalité, possible de concevoir un être vivant qui peut se diviser ? *A priori*, non : comment communiqueraient les différentes parties sans lien ? Derrière cela, il y a la notion d'un être supérieur, qui pourrait se diviser comme se divisent les cellules du corps, avec conservation du matériel génétique. Mais, dans ce cas, les cellules ne sont pas des êtres indépendants. James Cameron n'est pas à un paradoxe près, surtout dans le domaine ouvert du fantastique et de la science-fiction. Le T-1000 est donc très intéressant quant à la relation humain/machine. Notons que le scénariste-réalisateur avait prévu une limite au T-1000 (puisque, en principe, le spectateur se demande bien pourquoi il ne serait pas indestructible) : le T-1000 est en réalité vulnérable aux températures extrêmes (métal en fusion, azote liquide) et à tous les composés acides. Il est vrai que personne n'ira vérifier pourquoi les multiples éléments ne peuvent s'agréger dans le dernier bain du T-1000, soit dans sa cuve de métal en fusion. Cette scène peut être lue comme une vision de l'enfer, le seul lieu vers lequel les êtres sans nom se dirigent, symboliquement.

Enfin, cette texture semi-solide ou semi-liquide permet l'absorption des chocs, notamment celui d'un projectile, selon l'idée qu'il faut encaisser le choc et l'absorber plutôt que de le stopper. Là aussi, qualifier d'évolué un être qui encaisse le choc (digestion psychique) plutôt que de le contrer (opposition frontale systématique face à l'adversité) est tout à fait symbolique dans le cadre de la structuration œdipienne sur laquelle nous reviendrons ci-après.

Le statut du deuxième robot de *Terminator 2* est, lui aussi, riche d'enseignements. En effet, le cyborg joué par Schwarzenegger deviendra peu à peu très humain, prenant en charge la protection du jeune John Connor, apprenant comment utiliser un vocabulaire branché, comment se débarrasser des ennemis sans systématiquement les tuer, apprenant comment faire des grimaces (dans une scène coupée), pour finalement comprendre pourquoi les humains pleurent. En moins de deux heures, son évolution est notable, au point qu'il paraît au moins autant humain que ceux qui l'entourent : il montre même qu'il est le vrai père symbolique du jeune John en le laissant le tuer à la fin du film. James Cameron montre une image de père intéressante, un homme mécanique et froid qui devient de plus en plus humain : un être virtuel qui devient de plus en plus réel.

D'autres figures riches d'enseignements se trouvent dans les autres films du réalisateur. Ainsi, dans *Aliens*, l'humanoïde Bishop est celui dont l'avenir de la troupe dépend, puisqu'il va programmer l'arrivée du vaisseau de secours. Il est aussi celui qui sauve l'héroïne durant la dernière scène, malgré le fait qu'il est coupé en deux. Dans *Abyss*, James Cameron met en scène une sorte de personnage liquide qui prend figure humaine en reproduisant le visage de ceux qu'il rencontre. Il parvient même à être en contact physique avec l'héroïne du film (par son doigt), avant d'être coupé en plusieurs morceaux sans pour autant disparaître. Dans ces deux films apparaît encore cette idée qu'un être non humain ne meurt pas s'il est divisé : de là à penser qu'il ne faut pas être humain pour avoir la possibilité de ne pas mourir, il n'y a qu'un pas, que James Cameron franchira d'une certaine manière dans *Avatar*.

Mais avant ce film, il y a *Titanic*, beaucoup plus subtil. Le héros, Jack Dawson, est en réalité symbolique et, comme tout symbole, il va peu à peu se dissoudre tout en étant intégré. En effet, dès que Rose aura récupéré son nom et l'aura intégré en elle pour toujours, elle devra le laisser partir : il disparaîtra à jamais dans les eaux de l'Atlantique Nord. Le mélange ne se fait pas entre un humain et une machine, mais entre un être symbolique et l'eau, signe de fusion ultime, signe maternel et paternel. Il est peut-être difficile d'écrire que le beau Jack Dawson est virtuel et immatériel, et pourtant…

Le parcours psychologique de James Cameron l'amène ensuite à aller encore plus profond, là où l'humain et le non-humain se rejoindraient de manière ultime, c'est-à-dire vers un hybride, vers un avatar. Ce film, *Avatar,* montre toute l'évolution de Jake Sully, tout son parcours intérieur qui va le mener à se mélanger complètement à son nouveau corps (créé de toutes pièces en laboratoire). Qui est finalement l'être réel ? Qui est l'être virtuel ? Est-ce que l'enveloppe corporelle a une place si importante que cela ? Ces questions sont celles du réalisateur qui, brillamment, montre que l'étranger en soi, la « machine » en soi, le « virtuel » en soi doivent être dépassés pour atteindre l'humain, soit ce que devient véritablement – et paradoxalement – Jake Sully. Comme nous le verrons plus avant en ce qui concerne Eywa, le héros d'*Avatar* en perdant son statut d'humain gagnera la possibilité de ne jamais être mort : c'est peut-être cela le *nec plus ultra* du mélange selon James Cameron.

Le terme « avatar » ne signifie pas seulement les incarnations d'un dieu (par exemple, Vishnou dans la religion hindouiste), mais il correspond également à la métamorphose, à la transformation d'un objet ou d'un individu (qui en a, éventuellement, déjà subi plusieurs). Plus récemment, le terme est employé dans le monde virtuel, comme l'apparence que prend une personne dans un environnement graphique de type informatique (image dans un forum Internet, un objet 3D dans un univers virtuel). Cette image n'est pas une photo ou une reproduction de l'utilisateur : c'est la représentation qu'il a envie de prendre pour lui-même (ainsi, dans *Second Life*).

Derrière ce mélange liquide et solide, humain et non humain, mécanisation et nature, James Cameron montre une large palette du thème principal qui le préoccupe : la problématique du mélange et de la fusion. Cela l'amène, dans *Avatar*, à se rapprocher très près des notions d'hybride, voire de chimère.

L'hybridation est, en effet, un des fondements de la spéciation : la mutation génétique ne modifiant globalement qu'un seul gène, seule l'hybridation peut entraîner une recombinaison plus vaste. C'est aussi pour cela que la vie semble pencher du côté du continuum génétique plutôt que de celui d'un ensemble d'espèces isolées. James Cameron, fan de *comics* dans son enfance, n'a pas pu ne pas se souvenir de Superboy (mélange d'ADN de Superman et d'ADN humain) et de Marina (ADN humain et ADN extraterrestre). Il a dû aussi se rappeler les films *La Mouche* de Cronenberg, *Jurassic Park* de Spielberg, il a dû se souvenir des Wraiths de *Stargate*, des séries *V* et *Resident Evil*, ou encore du jeu vidéo *Metal Gear Solid*. Rappelons aussi que James Cameron a participé à la série *Dark Angel*, qui a présenté le projet Manticore consistant à essayer de créer des soldats parfaits à l'aide de manipulations génétiques entre ADN humain et ADN animal.

Enfin, le terme d'avatar peut être mis en parallèle avec celui de chimère, qui, en génétique, est le nom donné à un organisme qui possède deux ou plusieurs génotypes distincts. Dans ce domaine, les avancées scientifiques sont spectaculaires, en dépit des gigantesques problèmes éthiques : c'est ainsi qu'en mai 2007, le gouvernement britannique a donné son autorisation à la création de chimères d'humain et d'animal (*in vitro*), dans le cadre de recherches sur les cellules souches. James Cameron a été forcément influencé par ses lectures, ses démons intérieurs mais aussi par les nouvelles avancées des chercheurs, lui dont l'univers est si axé sur la problématique du mélange.

Les métamorphoses des personnages

Chez James Cameron, le mélange être humain-machine prend un sens encore plus intéressant s'il est confronté au mythe de la métamorphose, étymologiquement « changement de forme ».

Le mythe de la métamorphose, qui met aux prises l'homme et les dieux, a tout d'abord une fonction d'explication : telle pierre ou telle île est que la réincarnation d'un dieu, telle plante ou tel animal n'est qu'une image d'une divinité sous une forme plus compréhensible pour l'homme. Cette assignation d'une source divine non seulement élimine l'étrangeté en occultant le thème darwinien de la modification des espèces (certes non connu dans les époques reculées), mais surtout permet le dialogue avec ces entités, par le biais du chamane, du sorcier et du prêtre.

L'espèce humaine est une espèce évoluée qui cherche la compréhension du monde à travers le contact avec les autres. Le feu et l'orage, l'eau et la pluie, la nourriture et la croissance des plantes prennent ainsi, dans tous les peuples humains primitifs, une signification particulière. Ce qui est indispensable à l'homme doit avoir une raison d'être, dont la conséquence est la reproductibilité souhaitée, source de réassurance. Ainsi penser qu'un dieu est à l'origine de la poussée du blé est rassurant : en effet, le blé, gage de nourriture, repoussera année après année, un dieu ne pouvant mourir. Dans *Avatar*, cet aspect un peu magique et d'origine divine est, bien entendu, totalement présent.

Il est possible aussi de repérer dans ce film cette idée d'inquiétude quant à l'origine de l'homme, notamment à travers cette destruction de l'arbre central, métaphore de la moelle épinière, sorte d'Atlas qui tient le monde sur ses épaules. Les mythes sont parfois issus du thème de la métamorphose : ainsi, dans le livre de la Genèse, *Yahvé modela l'homme avec la glaise du sol*. Dans *Avatar*, le spectateur semble être amené à envisager deux possibilités quant aux tresses (lien entre les êtres) des Na'vis. D'une part, elles peuvent être des restes montrant que les espèces se sont toutes développées depuis une matrice commune (Eywa), ce qui n'est pas loin d'une sorte de réincarnation en multiples entités d'un être global : la métamorphose n'est pas très loin, Eywa faisant office d'un dieu se régénérant dans des êtres de chair et de sang. D'un autre point de vue, il est possible d'envisager que ces tresses ont été développées pour communiquer avec le grand Tout, sorte d'image plus ou moins consciente d'un immense réseau qui relie presque amoureusement les êtres. On y retrouve le fantasme d'Internet, des réseaux sociaux, avec l'idée d'une universalité ou d'une vaste communauté de gens qui sont « amis » (Facebook) et qui de ce fait ne se feront pas la guerre. Nous pouvons y lire le fantasme d'un monde fait uniquement d'amour, donc sans haine.

Nous pouvons aussi remarquer l'idée d'une correspondance entre les êtres, avec le passage possible d'animal à homme, de chair à esprit (rappelant l'animisme, le panthéisme). Dans un tel monde, la métamorphose est somme toute logique : le problème de la divisibilité n'existe plus, puisque la reconstruction est une réorganisation naturelle. Dans *Terminator 2*, le T-1000 qui peut être divisé en milliers d'infimes particules qui vont se retrouver pour reformer l'être, n'est pas très éloigné d'un être qui ne peut pas mourir, sauf à être dilué dans le feu originel d'où il est issu. Dans *Avatar* particulièrement, tout est flux entre les êtres.

Rappelons que les positions de Diderot[10], à l'époque, étaient aussi d'une certaine manière anticréationnistes, puisqu'elles ne faisaient pas appel à une sorte de « Dieu créateur », qui serait l'origine de tout. Elles étaient aussi réellement évolutionnistes, car les formes n'étaient que recomposition permanente à partir d'une sorte de « soupe » originelle. L'univers est un « tout » composé de formes diverses, toutes issues de multiples combinaisons de matière en évolution. Ainsi, il est possible d'envisager que l'homme ne soit plus l'achèvement de la Création (comme dans la pensée chrétienne), mais seulement une sorte d'accident momentané. Diderot s'inspire de plusieurs philosophies, issues de Spinoza ou de tradition plus ancienne (Épicure, Lucrèce).

Ces positions ne sont pas très éloignées de certaines tendances actuelles dans lesquelles puise James Cameron : sur Pandora existe une forme d'harmonie

10. « Tout est en un flux perpétuel... Tout animal est plus ou moins homme ; tout minéral est plus ou moins plante ; toute plante est plus ou moins animal. Il n'y a rien de précis en nature... [...] Toute chose est plus ou moins une chose quelconque, plus ou moins terre, plus ou moins eau, plus ou moins air, plus ou moins feu ; plus ou moins d'un règne ou d'un autre... [...] Il n'y a qu'un seul grand individu, c'est le tout. Dans ce tout, comme dans une machine, dans un animal quelconque, il y a une partie que vous appellerez telle ou telle ; mais quand vous donnerez le nom d'individu à cette partie du tout, c'est par un concept aussi faux que si, dans un oiseau, vous donniez le nom d'individu à l'aile, à une plume de l'aile... [...] Et les espèces ? Les espèces ne sont que des tendances à un terme commun qui leur est propre... Et la vie ? La vie une suite d'actions et de réactions... Vivant, j'agis et je réagis en masse... mort, j'agis et je réagis en molécules... Je ne meurs donc point ? Non, sans doute, je ne meurs donc point en ce sens, ni moi, ni quoi que ce soit... Naître, vivre et passer, c'est changer de formes... » (Diderot, *Le Rêve de d'Alembert*).

universelle qui fait, bien évidemment, défaut au monde d'où vient Jake Sully, un monde qui a oublié l'harmonie et qui a donc créé les guerres, le chaos, la mort. Dans ce monde-là (la Terre), le choix devient manichéen : être un scientifique idéaliste ou un être un chef de guerre décomplexé. Il n'est pas étonnant que, dès les premières visions du monde de Pandora (à travers les yeux de Jake Sully), le spectateur comprenne que le choix du réalisateur est d'emmener toute personne sur cette planète, accueillante à souhait (à part quelques bêtes antipathiques). Malgré l'étude poussée de la faune et de la flore qu'a souhaitée James Cameron, il est difficile d'imaginer la place d'un évolutionnisme darwinien sur Pandora, notamment à cause de la présence d'Eywa, sur laquelle nous reviendrons plus longuement.

L'histoire de la littérature est d'ailleurs jalonnée de métamorphoses : Ovide (*Les Métamorphoses*), Homère (Protée dans le chant IV de l'*Odyssée*), ou encore Kafka (*La Métamorphose*). De même, dans *Les Mille et Une Nuits*, les métamorphoses sont aussi très fréquentes, avec en arrière-plan l'idée de résurrection (seule la métamorphose pourrait être une expérience de la mort). Il existe, dans les métamorphoses des *Mille et Une Nuits*, l'idée que l'univers cache en réalité de multiples possibilités de mutations, de virtualités, de migrations, donc de liberté : se métamorphoser permet de ne pas penser à la mort, mais à la régénération, source de respiration non anxiogène.

Cette dimension d'éternité nous semble très importante dans *Avatar*, malgré le fait apparemment paradoxal que la violence, le meurtre, la mort parcourent tout le film : peut-être qu'inconsciemment ou consciemment, James Cameron a souhaité montrer, dans ce premier opus, combien la métamorphose ne peut se produire qu'avec une destruction collatérale, voire sous-jacente du monde. Celui qui change doit voir le monde changer : Jake Sully doit renaître des cendres, comme le Phénix.

À l'instar du robot de *Terminator 2*, à l'instar de Bud Brigman, héros d'*Abyss*, à l'instar de Rose Dawson de *Titanic*, les personnages de James Cameron qui se retrouvent dans une situation extrême de mort quasiment clinique trouvent soudain quelque chose pour se régénérer, quelque chose qui est lumineux, qui provient de l'extérieur, mais qui a été intégré en eux sans qu'ils s'en rendent vraiment compte. Le Terminator actionne sa batterie de secours, qui s'allume pour signaler l'énergie qui revient : il commence alors une nouvelle vie et peut terminer le travail. Le héros d'*Abyss* reçoit l'aide d'une créature extraterrestre, qui communique avec lui : il est ainsi sauvé des profondeurs. Rose, qui est en passe de mourir de froid, découvre au fond d'elle-même un souffle (celui de Jack) qu'elle ne soupçonnait pas : c'est ainsi qu'elle nage pour récupérer un sifflet et signaler sa présence aux sauveteurs qui partaient.

La métamorphose passe par la découverte d'une énergie en soi, provenant de l'extérieur, une énergie nouvelle qui permet le développement d'une personnalité différente. Bud ne sera plus jamais le même, le Terminator deviendra quasiment humain, et Rose deviendra une femme. Bien évidemment, tous ses personnages prennent un sens particulier par rapport à Jake Sully qui, mélange d'eux tous, trouve, lui, un corps nouveau pour son esprit nouveau, un esprit libéré. Bud, Rose, le T-800 de *Terminator* et donc Jake Sully deviennent sereins après leur métamorphose, ressuscités, et par conséquent, quelque part, à la fois morts mais éternels.

Rappelons que la métamorphose a une face plus sombre : elle peut remettre en cause la séparation des espèces voulue par un Dieu, ou être associée à l'idée du démon, qui, seul, peut amener de la bestialité (rappelons l'épisode du châtiment de Nabuchodonosor). C'est ainsi que la métamorphose peut être considérée comme une illusion ou un fantasme, une chimère à qui l'on ne prête qu'un pouvoir de transformation mais uniquement dans le regard de l'autre. Nous voyons ici l'arrivée d'un courant qui vise à différencier ce que l'on est de ce que l'autre perçoit de ce que l'on est, une sorte de psychanalyse avant la lettre. Finalement, ainsi que James Cameron l'expliquait dans l'avant-propos, l'essentiel est dans la perception. Dans *Avatar*, le seul vrai regard de Jake Sully est le regard final, lorsqu'il regarde de ses yeux d'ex-avatar, lorsqu'il regarde… le spectateur dans les yeux. Finalement, peut-être que James Cameron nous dit que ce n'est pas lui qui a changé (il s'est juste métamorphosé), mais c'est le regard du spectateur qui a changé sur lui.

Maupassant, Lautréamont, Poe parmi bien d'autres seront passionnés par l'idée de métamorphose, et pas seulement dans la littérature fantastique. Citons aussi *Docteur Jekyll et Mister Hyde*, de R.L. Stevenson, *Frankenstein* de M. Shelley, et l'œuvre de Nietzsche (qui a écrit ainsi la célèbre formule : « Devenir ce que l'on est [11] »).

Libération mais aussi aliénation, la métamorphose peut également tourner à la folie. Dans *Avatar*, le héros, soumis à une révolte intérieure permanente, montre un visage de souffrance, avec de longs moments de torpeur, des accès de déprime, avec des états d'âme qui ne l'amènent pas à la folie, mais au conflit avec lui-même. Jake Sully, dès le début fragilisé psychologiquement, entre autres par son handicap et la

---

11. « Je vais vous dire trois métamorphoses de l'esprit : comment l'esprit devient chameau, comment le chameau devient lion, et comment enfin le lion devient enfant. Il est maint fardeau pesant pour l'esprit, pour l'esprit patient et vigoureux en qui domine le respect : sa vigueur réclame le fardeau pesant, le plus pesant. [...] L'esprit robuste charge sur lui tous ces fardeaux pesants : tel le chameau qui sitôt chargé se hâte vers le désert, ainsi lui se hâte vers son désert. Mais au fond du désert le plus solitaire s'accomplit la seconde métamorphose : ici l'esprit devient lion, il veut conquérir la liberté et être maître de son propre désert. [...] Conquérir le droit de créer des valeurs nouvelles – c'est la plus terrible conquête pour un esprit patient et respectueux. En vérité, c'est là un acte féroce, pour lui, et le fait d'une bête de proie. [...] Mais, dites-moi, mes frères, que peut faire l'enfant que le lion ne pouvait faire ? Pourquoi faut-il que le lion ravisseur devienne enfant ? L'enfant est innocence et oubli, un renouveau et un jeu, une roue qui roule sur elle-même, un premier mouvement, une sainte affirmation. Oui, pour le jeu divin de la création, ô mes frères, il faut une sainte affirmation : l'esprit veut maintenant sa propre volonté, celui qui a perdu le monde veut gagner son propre monde. Je vous ai nommé trois métamorphoses de l'esprit. » (Nietzche, *Ainsi parlait Zarathoustra*.)

pression de son frère, modifie peu à peu sa vision du monde en se métamorphosant : il entre en combat avec lui-même et entame une profonde introspection, finalement assez psychanalytique.

Le basculement vers la métempsycose se fait aisément. Ovide décrit ainsi Daphné qui, craignant l'amour d'Apollon, est métamorphosée en laurier. Comme Daphné veut dire « laurier » en grec, il est possible d'envisager qu'elle se métamorphose en elle-même. Finalement, la révélation de la métamorphose est peut-être celle de l'être destiné : ce que nous sommes potentiellement arrive avec la métamorphose.

En définitive, dans *Avatar*, Jake Sully arrive à se transformer en étant parvenu au bout de lui-même : il n'est plus chrysalide, mais être complet.

La figure du guerrier

Pour étudier plus avant l'image du guerrier dans l'univers de James Cameron, il convient de revenir sur la place du père dans la structuration psychologique de l'enfant.

Durant ses premières années, l'enfant privilégie certains couples : le grand et le petit, le dominant et le dominé, l'idéalisé et le sali, le puissant et le misérable, ou bien encore le maître et l'esclave. Cette préférence pour ce type de relation d'objet un peu dégradée tendra à diminuer avec le temps, même si elle restera toujours une composante normale de la sexualité. Elle n'en permettra toutefois qu'une vision partielle que seul l'avènement œdipien viendra parachever.

C'est en effet la situation œdipienne qui se met en place qui signe véritablement l'apogée de la recherche du tiers, l'apogée de la structuration psychique : elle caractérisera la présence du père. Dans l'univers de James Cameron, les personnages sont majoritairement en situation de conflit œdipien [12], ce qui fait dire à certains critiques que les personnages sont créés pour des adolescents par un grand adolescent.

En vérité, la situation œdipienne met en jeu des schémas très complexes et très ambivalents, qui peuvent être vus sous les formes positive ou négative. Sous la forme positive, il s'agit du désir sexuel pour le parent de sexe opposé et du désir de mort pour le rival de même sexe. Sous la deuxième forme négative, il s'agit d'un amour pour le parent de même sexe et d'une haine jalouse pour le parent de sexe opposé. La forme dite complète du « complexe d'Œdipe » correspond à la coexistence de ces deux formes, une coexistence qui n'a rien de pacifique : peur d'accepter l'un (castration), peur de renoncer à l'autre (tiers regretté). Pour le garçon, cela peut être très brutal, puisqu'il lui faut renoncer impérieusement à sa mère sous peine d'être symboliquement « castré ». Pour la fille, le changement d'objet

---

12. « [le complexe d'Œdipe] est un drame à trois personnages dont les protagonistes sont la mère, le père et l'enfant (et où) vont constamment alterner des mouvements où deux se rapprochent en un mouvement de désir et d'amour qui exclut le troisième alors considéré comme un rival à éliminer. » (R. Perron)

(pour le père) lui donne un certain répit : la liquidation œdipienne, souvent un peu plus lente, se manifeste de manière impérieuse lors du choix d'un homme pour sa descendance.

Le conflit œdipien peut être vu comme un conflit sexuel, comme un conflit de pouvoir, comme un conflit de positionnement entre les êtres sexués, comme un conflit entre chefs ou entre femmes qui veulent élire un chef.

Pas étonnant que, dans *Avatar*, Jake Sully soit très vite en conflit (œdipien) avec le frère et le père de Neytiri. Il lui faudra revenir avec sa nouvelle auréole de chef (le formidable dragon des airs) pour devenir enfin le véritable chef, et conquérir définitivement Neytiri, après la mort du père de celle-ci et la mort de celui qui la voulait comme épouse.

Les psychanalystes sont, à la suite de S. Freud, quasiment unanimes sur la problématique œdipienne : ils la voient comme l'ultime structuration du psychisme, le point nodal d'organisation de la personnalité. Dès le plus jeune âge, une nouvelle moelle épinière se met en place dans la colonne vertébrale que s'est peu à peu constituée l'enfant. La prohibition de l'inceste est en place : « Pour créer du nouveau, tu chercheras un autre sang pour se mêler au tien. » La prévalence de l'être sur l'avoir s'acquiert progressivement, et, avec elle, les aptitudes au deuil et à l'acceptation de la différence des sexes commencent à s'organiser (création de barrières, d'interdits, de limites « à l'intérieur » du psychisme). Il ne suffit pas, cependant, que l'organisation œdipienne du jeune enfant soit mise en place pour que la problématique œdipienne soit résolue : les conflits existeront longtemps et construiront la personnalité dans la douleur.

C'est ici que pour l'enfant commence le mélange entre mère et père, avec une vision de la mère souvent plus agressive, plus guerrière, bref plus remplie de « père ». Chez James Cameron, tout cela est visible d'une manière criante à l'écran : les femmes sont souvent physiquement très masculines, sportives sinon musclées, avec une capacité de manier les armes fantasmatiquement identique à celle des hommes : bref, dans l'imaginaire classique certes caricatural, elles sont très masculines. Elles sont en réalité très investies de « père ».

Le fonctionnement à trois entre la mère, le père et l'enfant est du domaine du symbolique. Rappelons que dans certaines tribus le père biologique ne joue pas du tout son rôle de « père » (selon les critères des sociétés occidentales modernes) : ce rôle est en effet dévolu à certains hommes qui entourent la mère (oncles par exemple). Il est vrai que les adultes ont effectivement un dosage différent du « maternel » et du « paternel » (ce qui est une conséquence de leur bisexualité psychique) : pour dire les choses de manière métaphorique et lapidaire, les parents peuvent donc offrir chacun de la régulation, du contenant, du sens, du contenu, c'est-à-dire un mélange entre mère et père. Les nouveaux pères ne seront jamais des anciennes mères, car deux personnes qui se ressemblent trop psychiquement n'offriront jamais la différence nécessaire à une évolution favorable du bébé.

Dans *Avatar*, la question de la parentalité se pose de manière moins insistante que dans *Aliens* : probablement faut-il y voir une évolution de la conception de James Cameron, qui, peu à peu, règle ses comptes avec lui-même. Ainsi, il a été marié avec différentes femmes ayant des degrés assez différents de caractéristiques habituellement attribuées aux hommes, la dernière de ces femmes, Suzy Amis, étant probablement la moins masculine, la moins puissante, la moins musculeuse, la plus en retrait (malgré une vraie personnalité).

De plus, de la qualité de l'édification œdipienne dépendent l'acceptation de son corps, la spatialisation, la latéralisation, la souplesse et la fermeté (vu d'un point de vue corps et psychisme). Ainsi, lorsqu'un enfant est mal latéralisé, lorsqu'il investit mal son corps, lorsqu'il développe mal ses capacités, lorsqu'il s'intègre mal dans le groupe, c'est souvent parce que son intégration œdipienne ne s'est pas encore assez bien effectuée.

Nous voyons bien que la spatialisation est un aspect très important pour James Cameron : il aime à récréer autour de certains de ses personnages une armure qui en démultiplie la force, comme une sorte d'agrandissement de l'espace, de structuration de l'univers, pour mécaniser l'humain et augmenter sa performance. Comment ne pas y voir l'armure donnée symboliquement par le père ? Cette armure qui est tout sauf une coque de protection : ainsi, dans *Aliens*, Ripley manque de se faire tuer par la reine des aliens à l'intérieur de cette armure. Celle-ci peut être vue comme la présence du père autour de la personne, qui en démultiplie ses forces : Ripley n'arrive à se débarrasser de la reine des aliens (mère abusive) que grâce à cette armure. Toutefois, dans *Avatar*, le chef de guerre se fait tuer à l'intérieur de son armure, tout à la fin du film. Si cette séquence est un clin d'œil évident à *Aliens*, il convient aussi de la voir en contrepoint : l'armure ne fait pas tout, ne protège pas de tout, et surtout ne confère pas l'invincibilité. Probablement faut-il y voir une évolution du cinéaste lui-même qui, inconsciemment, comprend que ce n'est pas l'armure mais l'architecture paternelle qui compte. Il est vrai que le film *Avatar* sort plus de douze ans après *Titanic*, où le réalisateur avait déjà fait échouer la puissance des hommes, en faisant couler son gigantesque et phallique bateau.

La problématique œdipienne renvoie également à la problématique de l'absence et de la présence : dès lors, l'argent dépensé pour un enfant ne remplacera un père absent : une mère aux moyens (financiers, par exemple) illimités ne suffira jamais. C'est d'ailleurs le drame de toute instance maternelle : une mère ne peut apporter que du provisoire et de l'illimité, comme des pompes qui seraient installées provisoirement dans la cale d'un bateau (même titanesque) dont la coque est de toute façon percée. C'est aussi le drame de toute instance paternelle : accepter son père, c'est le dépasser, tout comme devenir premier de la classe à la place du premier (qui était pourtant admiré pour être à cette place), c'est placer celui-ci à la deuxième place (et, de fait, ne plus l'admirer pour sa place de premier). Dans *Avatar*, le chef, père de Neytiri, meurt en même temps que l'effondrement de son univers (son arbre) : il fallait sa mort pour que Jake Sully puisse prendre sa place.

Aimer et se détacher, aimer et haïr, aimer et tuer, l'ambivalence des sentiments œdipiens éclate parfois en une crise paroxystique, ou se dilue progressivement. La future souplesse psychique de l'adulte dépend pourtant exclusivement de la qualité de l'intégration de ces contraires : il faut à l'enfant des adultes à aimer et à détester tout à côté de soi, des adultes vigoureux ne fonctionnant pas par le chantage affectif. L'enfant doit aimer et détester ses parents : l'œdipe est bien le « drame » humain par excellence.

Pour la fille, le père sera longtemps l'objet du désir et le symbole de l'autorité porteuse d'interdits. Pour le garçon, en faisant son deuil d'une mère inaccessible et en admettant ce père interdicteur, il admet une primauté de la loi paternelle sur la sienne. Tous les deux se situent alors dans la chaîne des générations, mais à leur place. Renoncer au passé et à ses parents laborieusement investis et intériorisés pour mieux aller de l'avenir, c'est mourir d'une certaine manière. C'est tuer ce que l'on a été. Dans le diptyque *Terminator*, nous l'avons dit, comme dans *Avatar*, il faut tuer pour avancer, il faut détruire un univers pour en construire un autre. Mais dans les films de James Cameron, il y a toujours une note d'optimisme, comme une solution qui apparaît dans le regard de Ripley, de Rose, de John Connor et de Jake Sully. Dans un film présentant la fin d'un cycle, comme *Danse avec les loups*, la note est, pour le moins, moins optimiste.

Le combat œdipien commence donc avec le paradoxe insupportable d'avoir à tuer psychiquement celui qui a donné la vie psychique, d'avoir à supprimer cet enfant incestueux, cet enfant qui interdira toujours d'aimer librement autrui. C'est dans la mesure où l'enfant peut assumer l'angoisse des fantasmes incestueux qu'il pourra accéder peu à peu à la capacité d'être seul. S'il demeure prisonnier de ses angoisses, il demeurera dépendant des images parentales sans pouvoir dominer son agressivité, sa culpabilité. Les personnages de l'univers de James Cameron doivent toujours larguer une partie d'eux-mêmes pour jouir de « l'autre », c'est-à-dire de l'autre partie d'eux-mêmes et des autres personnes.

Vivre, c'est ne pas pouvoir épouser le père ou la mère que l'on a pourtant aimé, à la folie. Vivre, c'est aussi continuer de tuer l'enfant que l'on est encore et que l'on sera toujours un peu, quelque part. Le contraire, ce n'est pas vivre, c'est juste prolonger l'enfance. Et, quoi qu'on dise du cinéma de ce réalisateur, cette problématique touche tout le monde, et pas seulement les adolescents.

Il est vrai que le thème de l'adolescence est important dans le cinéma de James Cameron, cette adolescence au temps mal défini : c'est le temps qui mène de l'enfant vers l'adulte, avec des contours pour le moins flous. C'est, en tout cas, le dernier moment où la structuration psychique peut se faire « naturellement » vers une voie dite « névrotique », là aussi où une décompensation psychotique peut apparaître. C'est donc un temps de crise, comme un tremblement de terre qui ne laisse en place que les bâtiments les plus solides. D.W. Winnicott considérait qu'il est quelque part intrusif de comprendre l'adolescent, puisque celui-ci se trouve en attente de quelque chose, comme le marin dans le pot au noir.

Malgré le fait qu'il est de plus en plus capable d'introspection et d'abstraction, l'adolescent est quelqu'un qui a du mal à raisonner : il y a une nouvelle vision de la vie, plus concrète, plus distante, plus intérieure qui marginalise peu à peu sa vision d'enfant (celle des dessins animés où les personnages ouvrent des yeux candides, des yeux « purs », des yeux qui ne font pas peur). Ce ne sont pas seulement la voix, le ton, l'allure, la corpulence qui changent : ce sont les regards, l'œil, l'affirmation du désir (les yeux de Rose dans le magnifique fondu enchaîné de *Titanic*, les yeux de John Connor à la fin de *Terminator 2*, au moment du dernier regard du T-800, son véritable père symbolique, juste avant la mort de celui-ci).

Avatar ne peut pas être seulement vu comme un hymne à la guerre pour jeunes garçons souhaitant dépasser leur père : c'est une véritable épopée, de type odysséen.

Une épopée odysséenne

Même s'il n'est pas le seul dans ce cas, tout le cinéma de James Cameron peut être regardé avec les yeux de l'amoureux de l'*Iliade* et de l'*Odyssée* d'Homère, cette fabuleuse histoire à laquelle on ne peut pas ne pas faire référence, même succinctement [13].

Ce qui se produit depuis le début de la vie est la mise en place de schémas complexes tentant de résoudre l'impossible équation de l'œdipe, à savoir l'intégration des contraires, symboliquement initiée par le père. En réalité, il semble qu'un double fonctionnement se mette en place, un véritable dégroupage temporel de l'œdipe qui va concourir à sa résolution. C'est ce mode de réduction de ce clivage œdipien qui va permettre la dissolution de l'enfance et l'unification des objets dans un complexe aller-retour temporel.

Nous pouvons illustrer cela à l'aide de l'épopée odysséenne, à savoir celle d'Ulysse (Odysseus en grec, l'homme en colère) et de ses deux fils, Télémaque et Télégonos, dont la mythologie explique le destin, au moins aussi riche et aussi subtil que celui d'Œdipe. Revenons sur quelques aspects de cet extraordinaire destin en le comparant aux personnages de l'univers de James Cameron.

13. « Entre opéra et tragédie, *Avatar* est le théâtre moderne d'un affrontement immémorial entre deux peuples qui ignorent à quel point ils sont frères, et où tout converge vers un grand champ de bataille final, orgasme guerrier et cathartique dont l'efficacité narrative a été prouvée depuis au moins l'*Iliade* et la guerre de Troie » (O. Seguret, *Libération*)

Il est nécessaire de dire quelques mots sur la tradition grecque. Avant les invasions achéennes du XIIIe siècle avant J.-C., la tradition matrilinéaire était de règle : le roi avait une place plutôt symbolique puisqu'il « mourrait » à la fin de l'année, avant la nouvelle année. Lorsque les Doriens arrivèrent, ce furent les princesses qui commencèrent à suivre leur mari, selon une tradition patrilinéaire (dans laquelle les dieux du système olympien occupèrent la place centrale). Ainsi, c'est Ulysse (mère Anticlée, père biologique Sisyphe, fils adoptif de Laërte), choisi pour être le mari d'Arnaea-Pénélope par son oncle, qui demande à cette dernière de choisir celui qu'elle veut [14]. Notons que, chez James Cameron, ce sont tantôt une femme qui va dans l'univers d'un autre (Rose qui suit Jack dans *Titanic*), tantôt un homme qui suit une femme (Jake Sully entre dans le monde de Neytiri dans *Avatar*).

Ulysse n'est absolument pas un héros belliqueux à l'origine : il refuse d'ailleurs de participer à la guerre de Troie en se faisant passer pour fou. Mais, lorsque Palamède arrache son petit enfant Télémaque pour le mettre devant la charrue de son père Ulysse, celui-ci tire les rênes pour éviter la mort de son fils, se découvrant alors. Le grand spécialiste Robert Graves propose que cette histoire de la charrue soit symbolique, Télémaque devant l'attelage signifiant l'entrée dans le combat final (Télémaque signifie bataille décisive).

---

14. « Si tu viens à Ithaque, il faut que ce soit de ton plein gré ; si tu préfères ton père, reste ici et moi je m'en vais. »

Par la suite, Ulysse fait ce qu'il a à faire, et même un peu plus, devenant l'un des stratèges du siège de Troie et de sa prise. Au début de l'*Iliade*, Ulysse est, comme Ripley, Jack Dawson, ou mieux encore Jake Sully, un combattant malgré lui, qui se sent obligé de combattre pour sa survie et celle des autres. Dans *Avatar*, Jake Sully devient un véritable chef de guerre sous sa forme avatar, alors qu'il est si replié, si peu combatif, voire si dépressif dans sa forme humaine. Ulysse, lui, est contraint de participer pendant dix ans à la guerre de Troie : il combattra cependant courageusement, devenant même un des principaux héros, à l'origine entre autres de la célèbre ruse du cheval de bois.

Ulysse apprendra très vite que son retour sera très long et qu'il y perdra tout [15]. Errant effectivement avec ses compagnons de galère, il percera l'œil du cyclope Polyphème (en état de légitime défense) en déclarant le fameux : « Mon nom est Personne. » En plus d'une astuce pour ne pas être nommé par son véritable nom, cette parole signifie beaucoup du point de vue symbolique : Ulysse n'est personne de par son aura de combattant victorieux de la guerre de Troie. S'il veut être quelqu'un, il lui faudra devenir lui-même, devenir un autre lui-même, marcher dans les pas de son père, revisiter son histoire pour être en mesure de porter haut son nom.

James Cameron ne dit pas autre chose quand, systématiquement, il fait mourir les guerriers purs et durs,

15. « Si tu vas à Troie, tu ne reviendras pas avant vingt ans, et tu reviendras seul et pauvre. », dit l'oracle.

et quand, dans les premières secondes d'*Avatar*, Jake Sully explique qu'il n'est rien, à peine le fantôme de lui-même, et qu'il n'a récupéré de sa vie d'avant que des jambes brisées, sans vie. Comme Ulysse, il a tout à faire, tout à prouver car il n'a récolté que malheur. Comme lui, il va errer pendant une bonne partie du film avant de se décider en subissant les foudres non pas de Poséidon (frère et second du « chef » Zeus), mais du colonel Quaritch (second du « chef » Parker).

Après quelques pérégrinations, Ulysse accoste sur l'île d'Aurore, l'île de Circé, une île ou lui et ses compagnons pourront se reposer en paix, à l'instar de Jake Sully et du Dr Grace qui veulent rester avec les Na'vis.

La suite de l'histoire d'Ulysse peut être vue à la lumière de ce que James Cameron concevra peut-être pour les deux suites prévues pour *Avatar*. Mais personne n'en sait rien... Restons cependant dans ce parallèle avec Ulysse, car l'histoire prend une tournure intéressante avec le désir d'Ulysse de revenir sur ses terres.

En effet, Ulysse et Circé restent ensuite longtemps sur leur île, Circé mettant au monde plusieurs enfants, dont Télégonos selon la théorie la plus communément admise. Mais, comme une partie d'Ulysse se languit d'Ithaque, Circé lui explique où se situe le chemin pour les Enfers, chemin qu'il devra prendre pour rejoindre le devin Tirésias qui lui dévoilera l'avenir [16]. De fait,

16. Homère écrit alors : « Elle parla ainsi, et mon cher cœur fut dissous, et je pleurais, assis sur le lit, et mon âme ne voulait plus vivre, ni voir la lumière d'Hélios. »

la figure d'Ulysse se dissout ici avec son départ pour les Enfers, ou plus exactement le départ d'une partie de lui-même (celle qui doit revenir dans son passé) pour le territoire d'Hadès.

Aux Enfers, Ulysse rencontre sa mère (« arriva l'âme de ma mère morte »), mais refuse qu'elle étanche sa soif tant que le devin n'a pas épanché la sienne avec le sang qu'il a apporté [17]. Il y rencontre tous les héros grecs morts, d'Achille à Hercule, et son père Sisyphe. C'est un véritable deuil de l'histoire d'avant qu'Homère suggère dans ce chant [18]. Effectivement, ce sont deux morts qui attendent Ulysse. Avant qu'il ne parte, c'est Circé elle-même qui lui explique comment ne pas écouter le chant de sirènes. Ulysse, contrairement à l'image populaire qui peut en être tracée, sait que son Ithaque et sa Pénélope, c'est son repos mais dans sa mort. Auparavant il avait des étapes à accomplir.

> *Je tiens à finir ça. Il va y avoir une cérémonie. C'est la dernière étape pour devenir un homme. Je serai un des leurs après. J'aurai leur confiance.*
>
> (Jake Sully)

---

17. Tirésias déclare : « Tu désires un retour très facile, illustre Odysseus, mais un Dieu te le rendra difficile [...] je te prédis la perte de ta nef et de tes compagnons. Tu échapperas seul, et tu reviendras misérablement [...] Et la douce mort te viendra de la mer. »

18. À leur retour, Circé déclare : « Malheureux, qui, vivants, êtes descendus dans la demeure d'Hadès, vous mourrez deux fois, et les autres hommes ne meurent qu'une fois. Allons ! Mangez et buvez pendant tout le jour, jusqu'à la chute d'Hélios ; et, à la lumière naissante, vous naviguerez, et je vous dirai la route, et je vous avertirai de toute chose, de peur que vous subissiez encore des maux cruels sur la mer ou sur la terre. ».

Dans *Avatar*, le spectateur sait que Jake ne reviendra pas indemne de son séjour chez les Na'vis. À chaque fois que le spectateur voit Jake dans son caisson (qui lui sert à changer de corps), il s'imagine que Jake est un peu dans un sarcophage : quelque part, c'est toujours une certaine mort qui l'attend. De la même manière que, dans *Titanic*, le destin tragique de Rose est connu dès le départ, puisque Rose dit elle-même que ce navire sera son tombeau. Jake Sully devra rencontrer tous les plus éminents guerriers (le père de Neytiri, Tsu'tey, les autres chefs de clan) avant de… mourir ou renaître.

Lorsque Ulysse arrive à Ithaque, c'est son chien (avant de mourir) qui le reconnaît, puis sa nourrice (à sa blessure à la cuisse, la blessure qui normalement signe la mort des rois, la blessure à laquelle Ulysse avait étonnamment survécu). Il arrête son fils Télémaque qui est tout près de réussir l'épreuve commandée par Pénélope pour choisir parmi les prétendants : c'est lui-même qui réussira à bander l'arc. Toutefois, à cause du massacre des prétendants, Ulysse ne régnera pas, et sera banni avant de mourir, frappé d'un dard de raie, par Télégonos, son fils par Circé. Précisons que Télégonos, selon certains auteurs, avait été instruit par sa mère Circé de ses origines et avait fait ce voyage dramatique pour connaître son père : il le connaîtra effectivement dans la mort.

Nous voyons dans l'histoire mythologique d'Ulysse un double parcours qui le mène à deux morts : d'une part, il reste sur l'île de Circé pour y couler des jours heureux, d'autre part, il passe par les Enfers (le deuil de sa vie d'avant) pour retrouver Pénélope et mourir, tué par son fils dans un règlement de comptes œdipien. Jake Sully aussi a deux destins : une part de lui-même meurt, et une autre part passe par un enfer pour trouver celle qu'il aime. Toutefois, à l'instar de la fresque *Star Wars*, le cycle se poursuivra sûrement avec *Avatar 2* et peut-être *Avatar 3*. Y aura-t-il un conflit avec des personnes de son passé ? Un retour indispensable sur sa Terre ? Une nouvelle attaque des humains à laquelle il succombera ? Un fils qui prendra sa place sur Pandora, au côté de sa mère ? Personne ne le sait.

Contentons-nous donc d'analyser succinctement le paradoxe œdipien-odysséen qu'il a créé pour la série *Terminator* en le mettant, là aussi, en parallèle avec l'histoire d'Ulysse.

En effet, dans le premier épisode *Terminator 1*, le conflit porte sur la jeune femme Sarah Connor. Lorsque les robots décident d'envoyer dans le passé un des leurs pour tuer (dans le passé) la mère du chef de la résistance, celui-ci décide alors d'envoyer dans ce passé un de ses lieutenants, sachant que c'est lui qui défendra sa mère. Il sait aussi que ce lieutenant tombera amoureux d'elle, et lui fera un enfant : c'est donc son propre père qu'il envoie dans le passé, sachant qu'il mourra après avoir épousé sa mère. Il s'agit ici métaphoriquement du premier aspect du paradoxe œdipien (« odysséen ») : tuer celui qui a épousé (ou va épouser) sa mère, même avec des états d'âme.

Dans le second film *Terminator 2*, le conflit porte sur le jeune homme John Connor. En effet, un robot (le

T-1000) est de nouveau envoyé dans le passé pour cet enfant d'une dizaine d'années. À nouveau, le chef de la résistance envoie quelqu'un (un robot T-800 cette fois-ci) pour sauver cet enfant. En réussissant sa tâche, ce robot va devenir une identification forte pour le jeune garçon : il devient même son véritable père symbolique. La scène exceptionnelle qui clôt le film montre l'au revoir du T-800, qui ordonne à son « fils » de le faire descendre dans une cuve de liquide en fusion pour le tuer et faire disparaître la puce électronique qu'il contient. Car c'est toujours au fils de tuer son père : indirectement, le chef de la résistance tue son donc son père, pour la deuxième fois, pour aller vers un nécessaire accomplissement. C'est ici la deuxième version de la saga œdipienne : une identification forte à son père et une dissolution de cet homme.

Ainsi John Connor connaît-il, jeune, son père symbolique (le T-800), et, âgé, son père biologique (Kyle, un de ses lieutenants) : il s'identifiera à eux et les tuera, directement ou non, tous les deux. Ce paradoxe temporel rappelle les deux fils de deux époques et de deux femmes d'Ulysse, l'ensemble Télémaque – Télégonos représentant l'identification à Ulysse et son meurtre. John Connor de *Terminator 2* est à l'image d'Ulysse, destiné à ne pas pouvoir être heureux dans sa nouvelle terre, destiné à devoir revenir dans sa terre natale pour y mourir, destiné à tuer son père, comme chaque homme.

En suivant cette logique-là, il ne serait pas étonnant que Jake Sully, dans la suite d'*Avatar*, soit obligé d'une manière ou d'une autre de revenir sur sa Terre. Mais, comme nous le verrons, la problématique œdipienne peut être occultée, en choisissant une autre vision de la mort. Personne ne sait comment la saga *Avatar* va se poursuivre.

Le dernier point de la figure du guerrier tient à l'aspect non monolithique des figures du guerrier dans l'univers de James Cameron. Il n'est qu'à voir le dernier : le colonel Quaritch, qui s'attache à Jake Sully, qui lui propose son aide, et qui n'est pas finalement aussi inhumain que cela. Il est juste un bras armé. Dans cet univers, les personnages les plus déshumanisés ne sont pas les guerriers, mais les responsables des compagnies, comme Carter Burke dans *Aliens*, Bruce Ismay dans *Titanic*, ou Parker Selfridge dans *Avatar*.

En tout cas, avec cette figure du guerrier, James Cameron montre combien la figure du père est prégnante dans son cinéma.

Dans la vraie vie, le père est aussi à aimer et à détester à la fois. C'est celui qui peut encaisser, celui qui supporte l'agressivité constructrice, celui qui n'est pas un héros, celui qui accepte d'être celui contre qui, toujours, les chiens seront lancés. Alors que James Cameron préparait *Avatar*, il a dû voir le film *The Dark Knight*, dans lequel Batman, qui n'est coupable de rien, va décider de prendre toute la responsabilité des événements, tenant alors un discours plus proche de celui d'un père que de celui d'un demi-dieu justicier [19]. L'évo-

19. « Je suis ce que Gotham espère de moi. Dites que c'est moi qui les ai tués. Vous me condamnerez. Mettez les chiens à mes trousses. Parce que [...]

lution du statut symbolique du père dans des films grand public comme celui-ci n'a pas pu échapper à James Cameron.

Avec cette figure terrible (mais non inhumaine) du guerrier, le réalisateur montre également que la violence entre les êtres existe : elle est si intense qu'elle détruira encore et encore, signant l'éternelle guerre que chacun doit mener pour et contre lui-même. De la même manière que toute guerre contre un autre pays évite peut-être la guerre civile, toute violence envers autrui évite peut-être de s'en prendre à soi-même : en attaquant Pandora, les humains déplacent le problème, puisqu'ils n'avaient qu'à s'en prendre à eux-mêmes (pour leur dépendance énergétique). Le désir d'être un guerrier existe et est nécessaire : il participe de l'accomplissement œdipien.

Pour exister, il faut gagner la capacité de résister à la menace que toute autre personne fait planer sur vous de vous détruire ou de vous tuer, y compris – et particulièrement – dans sa propre famille.

Pour exister, il faut se sortir de l'univers de sa mère en utilisant les armes que celle-ci utilise, des armes paternelles. Car la mère peut se déchaîner, et prendre

[...] c'est cela. Parce que, parfois, la vérité ne suffit pas. Parfois, les gens méritent mieux. De temps à autre, les gens méritent de voir leurs choix récompensés ». Le fils du policier: « Pourquoi Batman s'enfuit-il ? » Le policier: « Parce qu'il faut qu'on lui coure après. Parce qu'il est le héros que Gotham mérite. Pas celui dont elle a besoin aujourd'hui. Alors nous le pourchasserons. Parce qu'il peut l'endurer. Parce que ce n'est pas un héros. C'est un gardien silencieux qui veille et qui protège sans cesse. Un chevalier noir. »

des allures d'une bête mourante et dangereuse : le T-1000 qui prend la tête de la mère adoptive de John, la reine des aliens qui part à l'attaque, le paquebot qui se met à la verticale dans un dernier soubresaut terrifiant.

Pour exister, il faut trouver « l'autre ». Et, l'autre, c'est aussi « l'étranger ».

L'étranger : Spielberg *versus* Cameron

Comme nous avons dit plus haut, la présence de la maman est unique pour l'enfant, différente de tout ce qu'il connaîtra au cours de sa vie. Tout enfant pensera longtemps pouvoir toujours se raccorder avec sa mère s'il se sent désaccordé (comme ultérieurement dans les sentiments amoureux). Alors que l'arrivée du père, en barrant la perpétuation de l'aliénation de l'univers maternel avec celui de l'enfant, ouvre des espaces, le sacrifice maternel, lui, clôt l'espace, en le limitant à celui de la maman. On part symboliquement grâce à son père de l'univers de sa mère, sinon on fusionne avec ce dernier. Chez James Cameron, non seulement la présence de la machine est un des symboles d'une présence paternelle forte, mais elle est aussi un repère lorsqu'il faut « plonger dans un monde étranger », que cela soit au fond de la mer dans *Abyss* ou dans *Titanic*, sur une planète hostile dans *Aliens* et dans *Avatar*.

> *Ce qui me fascine personnellement à propos des épaves de bateaux, c'est le lien aux personnes qui y*

étaient, qu'elles aient survécu ou pas. On plonge dans ce monde étranger en portant une tenue de plongée, qui ressemble à une combinaison d'astronaute, ou dans un sous-marin, qui se rapproche du vaisseau spatial. Et ensuite on découvre un objet très banal dans ce monde extra-terrestre. Une chaise. Une table. Une photographie. Il s'agit d'une juxtaposition surréaliste. […] Titanic *était une histoire humaine. Il ne s'agissait pas du bateau, cette énorme épave rouillée. Il s'agit des gens.*

(James Cameron, *Titanic, le scénario illustré*, Randall Frakes, 1998)

Sans repères dans un monde sombre et étrange, l'enfant est condamné. Il y a ici le symbole de la maman fusionnelle avec l'enfant : sans tiers, l'enfant se laissera couler dans la mer (dans la mère) à travers une sorte de « don sacrificiel ». Un suicide, en définitive, et c'est ce vers quoi nombre de personnages de l'univers de James Cameron se dirigent. À l'aide de machines, ils recherchent autre chose, quelque chose de lumineux, quelque chose de différent qui va être la révélation : chez James Cameron, l'autre (l'étranger) est un peu extraterrestre, assez difficile d'accès, mais finalement peu porteur de danger. Il faut dire que cet autre est accessible parce que l'image du père symbolique est présente.

Nombreux sont les films ou les romans mettant en scène des enfants ayant un père absent, défaillant, manquant, déficient, donc des enfants à la recherche de substituts paternels. Ce n'est pas le cas chez James Cameron : même s'il est dur, froid, technique, rigide, au moins il est là. Le personnage doit s'approprier son père, et celui-ci n'abandonne pas son enfant.

Nous pouvons comparer avec l'univers de Spielberg, où, au contraire, le père est potentiellement quelqu'un d'absent, quelqu'un qui abandonne ses enfants. Ainsi, dans le film *Jurassic Park*, le milliardaire fondateur-matriarche (qui dépense « sans compter ») décide la construction d'un parc avec uniquement des femelles dinosaures, pour empêcher des naissances et donc tout contrôler. Et pourtant, après un orage tropical d'une rare violence (figurant la scène primitive), la vie va trouver son chemin. Le chaos va même advenir, preuve – s'il en faut – de l'implosion de tout monde maternel parthénogénétique, de toute communauté sans tiers, donc de toute communauté incestueuse. Très vite, les jeunes héros, aux prises avec de méchants dinosaures, vont être laissés seuls dans une voiture par un adulte qui s'enfuit[20]. Seule la fuite organisée par le paléontologue, seule figure véritablement paternelle, leur assurera la vie sauve.

Il est intéressant de voir dans cet excellent film que les peurs des enfants sont liées à un monde qui leur paraît pénétrant et sans limites, un monde de non-droit duquel leur père leur permet de s'extraire : ce n'est pas un univers de James Cameron, puisque la figure du père n'est pas omniprésente, mais au contraire rare et précieuse. Dans ce film, les enfants se construisent des cachettes, se défendent, trouvent des codes, rétablissent

20. « Il nous abandonne ! Il nous laisse tomber ! », dit une des enfants.

l'électricité, parviennent à appeler au secours par téléphone, puis, potentiellement adultes, partent de cette île de leur mère ou de leur enfance, donc en ayant retrouvé un nouveau père.

Chez James Cameron, on ne part pas non plus facilement de l'univers de la mère : elle est toujours là et vous pourchasse, avec des armes d'homme comme dans *Terminator* ou dans *Avatar*. Il faut lutter contre elle, et en utilisant les moyens qu'elle utilise (les armes, notamment).

Pour aller encore plus loin, dans le film *E.T.* de Spielberg, l'enfant au père absent trouve dans l'Extraterrestre désirant retourner chez lui la figure qu'il attendait : E.T. est le double d'Elliot, la figure du père présent, de la mère contenante. E.T. est l'Elliott enfant qui part, laissant l'Elliott nouveau aller, seul, vers le monde des adultes. Ce film est exceptionnel non seulement de par son émotion, mais aussi de par ses symboles, notamment le concept de l'étranger. Citons à ce sujet la scène où E.T est caché dans un placard : la mère d'Elliott ouvre et balaie du regard, mais ne reconnaît pas E.T. : symboliquement, cette maman ne reconnaît plus son enfant Elliott (figuré par E.T.) qui devient plus grand, qui devient un peu un étranger, qui devient un peu un Extraterrestre.

Ce film montre finalement que la maladie et la vie d'E.T. sont liées à la vie d'Elliott : ce dernier, au bout du rouleau de son enfance, accepte, à un moment clé du film, de laisser mourir son E.T. Et c'est justement le signe que ce dernier attendait pour pouvoir, définitivement, partir. Le film peut se terminer par une émouvante parole de l'Extraterrestre, parole que tous les enfants du monde attendent : *Je suis toujours juste là* [en montrant son cœur]. E.T. est le passé d'Elliott : celui-ci, qui le sait, accepte finalement de le laisser partir.

Il est possible de voir dans la figure de l'Extraterrestre (double humain) une analogie avec l'univers d'*Avatar*, où le dédoublement de Jake Sully peut, d'une certaine manière, être mis en rapport avec celui d'Elliott dans *E.T.* Cependant, il faut alors inverser les rôles, car l'étranger E.T. est un espoir et un passé (le héros doit le laisser partir, ce qui a fait pleurer des millions de spectateurs), tandis que le Jake Sully dans son nouveau corps d'étranger est celui qui doit être conservé.

L'étranger chez Spielberg n'a pas potentiellement un statut menaçant, bien au contraire. Certes, les aliens sont assez destructeurs dans la *Guerre des mondes* : toutefois, malgré sa noirceur, ce n'est pas son film le plus convaincant, car il y manque l'étincelle de destructivité sans nom qui serait un pendant de l'amour sans limites qui se trouve dans ses films (comme *E.T.*). Certes, les tyrannosaures de *Jurassic Park 1* et *Jurassic Park 2* ou le requin des *Dents de la mer* semblent sans foi ni loi. Et pourtant, à y regarder de près, ils font tous ce qu'ils ont à faire, cherchant leur nourriture ou cherchant à protéger leur progéniture. Chez James Cameron aussi, les « étrangers » peuvent poursuivre un but de destruction parce qu'ils suivent leur propre logique, sans en référer à personne, sans limites : seule la destruction les arrête. Il n'y a qu'à penser aux affreuses bêtes d'*Aliens*, aux robots de *Terminator*, aux militaires d'*Abyss* et d'*Avatar*.

Spielberg, enfant d'un couple divorcé, enfant qui a peut-être manqué de père, ne semble pas penser qu'*a priori* l'étranger est potentiellement dangereux : pour lui, le problème consiste en la demande de reconnaissance du père (avec le thème de l'abandon, des retrouvailles, comme dans *Il faut sauver le soldat Ryan*). Chez James Cameron, enfant au père présent mais froid, l'étranger n'est pas non plus potentiellement porteur de risque, de rigidité : pour lui, l'essentiel est d'être armé comme son père pour combattre, au besoin. Ce n'est pas tant le statut de l'étranger mais la manière de l'aborder qui importe : voilà ce qui différencie fondamentalement les deux univers de ces réalisateurs exceptionnels (qui par ailleurs s'apprécient). Rappelons que leurs univers cinématographiques sont également critiqués et méprisés pour cette pseudo-basicité qu'on leur attribue. Selon nous, il est plutôt question de sentiments très proches de ceux de l'enfance, très simples et très profonds à la fois.

En définitive, chez James Cameron, le statut de l'étranger est assez simple : il est soit classé dans la catégorie « à éliminer », soit dans celle « à s'identifier ». Les aliens du film éponyme sont des produits d'une mère abusive : à éliminer. Les robots des deux *Terminator* sont dans les deux catégories, selon qu'ils s'humanisent ou pas. Dans *Abyss*, l'étranger (les NTIs) est une chance pour qui arrive à faire sortir du fond de lui-même des sentiments purs. Dans *Titanic*, l'étranger, c'est Cal et le bateau qui doivent être éliminés avec l'univers de la mère et du père de Rose, mais c'est aussi Jack Dawson auquel il faut s'identifier. Dans *Avatar*, l'étranger, c'est finalement l'humain (à l'exception des scientifiques), représentant l'univers du passé de Jake Sully.

> *Exclus. Traître. Étranger. J'étais à la place que l'œil ne pouvait voir.*
> (Jake Sully)

La crise de milieu de vie chez James Cameron

Dans le cinéma de James Cameron, les personnages centraux sont souvent à un stade charnière de leur existence : dans la saga *Terminator*, Sarah Connor ne sera plus jamais la même après le passage du premier T-800, Bud et sa femme dans *Abyss* passent tous deux par la mort, Rose dans *Titanic* sent qu'elle est à un tournant de sa vie et Jake Sully dans *Avatar* le dit aussi clairement dès les premières minutes du film. Comme plusieurs interprétations d'une œuvre sont toujours possibles, essayons d'éclairer l'univers de James Cameron sous l'angle de la crise dite du milieu de la vie.

> *Moi, je n'étais qu'un soldat perdu comme tant d'autres. […] Je me disais que je pourrais surmonter n'importe quelle épreuve. […] Une vie s'achève, une autre commence.*
> (Jake Sully)

L'adolescent qui devient un jeune adulte reste souvent sur la lancée de son enfance : il tente d'aller plus haut, d'aller « au bout de ses rêves », dépasse parfois ses limites, mais avance vers le monde. C'est vrai qu'il faut profiter de l'énergie de ses vingt ans, profiter de l'impression de sentir le monde entier à sa porte, croire que tout est possible, espérer que les montagnes peuvent être renversées et les compétitions gagnées. L'adolescent qui devient jeune adulte ne semble pas obligatoirement prêt à s'arrêter : il n'utilise pas le mot « fin ». Il a du temps car le propre de la jeunesse, c'est de voir sans être clairvoyant, de comptabiliser sans compter, d'être éveillé sans être réveillé.

Mais parfois, à l'occasion d'un décès, d'une naissance, d'un licenciement, d'une aventure extraconjugale, d'une rencontre, d'une dispute, d'un détail même, un déclic peut se produire. Un déclic qui signe souvent une rupture d'équilibre. Dans le cinéma de James Cameron, les personnages sont rarement montrés en situation de doute pendant une longue durée (ainsi Bud d'*Abyss* et Rose de *Titanic*) : il s'agit d'un cinéma d'action qui ne prend pas le temps de montrer toutes les lézardes qui peuvent se produire à un moment de sa vie, lézardes qui signifient symboliquement le début de la fin du premier cycle de vie. C'est entre autres pour cette raison que ce cinéma est considéré comme un cinéma de « jeunes », un cinéma d'urgence : nous sommes loin du (très bon) film *le Goût des autres*, où les réalisateurs exposent méticuleusement tous les doutes qui envahissent le héros parvenu au bout de son chemin.

Néanmoins, la crise (dite du milieu de la vie) peut être un des éléments de compréhension de l'univers de James Cameron. Cette crise semble toujours se signaler de plusieurs manières.

— Un changement de comportement et d'état de la personne, dans sa propre image dans le miroir, dans ses relations interpersonnelles, dans son corps. Régressions, longs moments de flottement, déchaînement, anxiété, euphorie, hypocondrie exacerbée peuvent être révélateurs de cette crise. Le passage au corps, tentative logique pour trouver des solutions, peut se manifester à travers l'arrivée de certaines maladies. Il traduit aussi, parfois, le manque de souplesse du fonctionnement psychique. Dans *Avatar*, nous voyons typiquement cela chez Jake Sully.

— L'impression de tomber dans un trou. C'est éventuellement un sentiment de chute, de fatigue, d'affaissement, d'essoufflement. Les phénomènes dépressifs peuvent être ponctuels ou plus sérieux, avec parfois juste quelques moments difficiles (besoin de se retirer un peu du monde) à de véritables dépressions (qui nécessitent souvent un soutien médicamenteux). Dans *Titanic*, Rose se retrouve très vite en situation de « tomber », lorsqu'elle veut se jeter du haut du pont du bateau.

— La présence de bouffées de créativité. L'envie soudaine de créer, de détruire, et les contrecoups plus ou moins dépressifs sont très révélateurs. La créativité [21]

21. « La pleine créativité et la touche de sérénité qui accompagnent la réussite à supporter la frustration sont caractéristiques des productions [...]

de nombreux hommes célèbres (Goethe, Proust, Freud, Gauguin, Bach...) n'a souvent été catalysée que vers quarante ans. Au contraire, d'autres voient leur « génie » s'éteindre brusquement à cette période, ou connaître une considérable évolution (comme l'écrit le psychanalyste E. Jacques). Écrire, peindre, composer, parfois tout commence ou tout s'arrête, mais en tout cas tout change : il y a un avant et un après.

— L'arrivée d'idées sur la mort, le temps limité, la réorientation, la mort de ses propres parents, à savoir l'impression très nouvelle d'un monde qui pourrait exister sans ses propres parents. Tous les décès rappellent, à cette période, la propre fin de son enfance, la mort symbolique de ses parents, l'arrêt d'un monde qui, finalement, est bien le sien. Cette idée de la fin prend corps et s'associe en profondeur à celle de ses parents. Le thème de la fin d'un monde est ainsi très présent chez James Cameron avec, symboliquement, la présence d'holocauste nucléaire dans *Terminator*, la fin du bateau-monde et de la station sous-marine respectivement dans *Titanic* et *Abyss*, et la double fin dans *Avatar* de la Terre (menacée de manquer de ressources énergétiques) et de Pandora (l'arbre colonne vertébrale abattu).

— La conscience floue d'un autre, d'une ombre, d'un dédoublement, qui continuerait sous de nouvelles

---

[...] de l'âge mûr chez Beethoven, Goethe, Virgile, Dante et autres génies. [...] C'est dans cet état d'esprit qui subsiste sur une plus petite échelle après qu'a été surmontée la crise du milieu de la vie, et qui se prolonge dans la jouissance de la créativité mûre et de l'œuvre, en pleine connaissance de la mort qui est là sous-jacente ; résigné mais non vaincu. » (E. Jaques) formes, ou qui s'arrêterait. Comme une sorte de « quelque chose de soi » qui prendrait corps en disparaissant étrangement, voire l'impression d'un frère siamois ou d'une sœur siamoise qui disparaîtrait. Dans *Aliens*, nous pouvons noter la mort de la fille de Ripley, heureusement réincarnée par son double Newt. Dans *Avatar*, Jake Sully parle de la présence indirecte de son frère jumeau : James Cameron choisit habilement dans son montage de mettre en parallèle l'incinération du jumeau et le commencement du processus de libération interne de Jake.

— Le sentiment de se mettre sur la batterie de secours, alors que l'impression était d'être sur secteur, depuis toujours. Et donc le sentiment d'être un peu déconnecté, et d'avoir à se reconnecter de nouveau, mais ailleurs, tout seul, sans le courant du secteur « d'avant ». Peut-être la sensation d'être « flottant », comme les montagnes d'*Avatar*. Comme nous l'avons dit plus haut, la présence d'une « batterie de secours », comme une ressource énergétique insoupçonnée, est extrêmement fréquente dans l'univers de James Cameron.

Il est vrai que chaque personne ne ressent pas de la même manière cette crise. Elle n'est pas vraiment définie dans le temps et reste donc difficile à préciser. Nous pensons qu'il ne faut y voir obligatoirement une rupture, mais plutôt le soulignement d'un trop-plein, à la manière des dégâts que peuvent produire la lame de fond qui arrive près des côtes. La présence du deuil est un des aspects très importants : le deuil transforme le vivant de l'événement passé en mort. Comme une plaie ouverte qui se referme, peu à peu, strate après strate, dans la douleur. Si la cicatrisation qui en découle se fait bien, il ne reste qu'une « trace ». Très lent, très demandeur en énergie, ce travail laisse toujours la personne libre mais épuisée, tout du moins provisoirement. Faire son deuil, ce n'est pas voir l'éclair durant l'orage, c'est encaisser l'onde de choc du tonnerre, c'est s'apercevoir de la nécessité de cicatriser et donc commencer la cicatrisation.

Dans l'univers de James Cameron, la cicatrice tient ainsi une place privilégiée : nombre de personnages principaux ont des blessures graves avec, presque toujours, une réparation ou une cicatrisation nécessaires. Les énumérer serait trop long : aussi citons seulement la blessure de Jake Sully dans *Avatar*, blessure qui le fait commencer le film déjà brisé, déjà dans la nécessité de se réparer et d'aller de l'avant. Ce héros est typiquement dans *la* crise de sa vie : il sait qu'il passera de l'autre côté, et que plus rien de ce qu'il a connu n'aura le même parfum [22]. Notons que Jake Sully va effectivement basculer dans un monde de texture et de couleur différentes, celui de Pandora.

> *Quand j'étais étendu dans cet hôpital, avec ce grand trou qui avait explosé au milieu de ma vie, j'ai alors commencé à rêver de voler. J'étais libre.*
>
> (les premiers mots de Jake Sully.)

22. La psychanalyste Annie Birraux écrit à ce sujet : « L'homme ne peut renoncer aux plaisirs qu'il a un jour connus et pourtant ce qui s'est passé est passé et ne se retrouvera plus dans la même texture, la même couleur. »

La crise du milieu de la vie signe un moment important dans le travail du deuil de son enfance. Dès que l'on se sort de ce pays de l'enfance, il reste toujours des traces, celles de la nostalgie. Chez James Cameron, cette crise correspond toujours à un chaos souvent indescriptible, un chaos qui doit se lire à la lumière du mythe de l'effondrement.

L'effondrement apocalyptique d'un monde

C'est le psychanalyste D.W. Winnicott qui, le premier, a utilisé ce terme d'effondrement.

Lorsqu'on est enfant, on ne veut pas perdre. Or mûrir, vieillir, c'est perdre, c'est abandonner quelque chose de soi, c'est laisser s'effondrer une partie de soi, avec l'impression de brisure d'une gémellité, la vision d'une silhouette qui part, l'idée d'un arrachement d'une partie d'ombre, de relief, de symétrique. C'est comme si quelque chose qui serait né en même temps que soi partait, son « autre », son passé, son quasi-jumeau : nous pouvons véritablement parler d'un effondrement d'une partie de soi, comme si la moelle épinière responsable de la partie quasiment « leucémique » de soi s'effondrait sur elle-même, se racornissait, s'atrophiait au profit d'une nouvelle moelle épinière.

Une moelle épinière, ça se répare, quand on en a les moyens.

(Jake Sully)

Chez beaucoup de personnages de James Cameron, c'est une partie d'eux-mêmes qui semble devoir être lâchée, une partie quasiment « cancéreuse » d'eux-mêmes, une partie parasite, une partie qui les vampirise à un tel point qu'elle doit être délimitée, coupée, larguée. Car leur liberté est en jeu : si l'ancienne moelle épinière reste, elle emportera dans son atrophie toute la psyché. Elle asséchera le « vivant » comme le corps d'enfant de l'anorexique assèche son corps de désir. Cela se remarque chez Rose, qui est tout engoncée dans ses vêtements (c'est sa mère qui, symboliquement, lui serre le corset).

Chez James Cameron, l'effondrement d'une partie de soi-même est toujours symboliquement accompagné de la fin apocalyptique du monde ou d'un monde : l'holocauste nucléaire dans le *Terminator*, l'explosion du complexe entier dans *Aliens*, le tsunami mondial dans *Abyss* (version *director's cut*), le gigantesque bateau qui coule dans *Titanic*, et bien évidemment la destruction du majestueux arbre central dans *Avatar*.

En réalité, cet effondrement ou ce déluge, qui nous coupe du « monde ancien » est, nous dit Winnicott, déjà passé [23].

---

23. « L'effondrement a pu avoir lieu vers les débuts de la vie [...] Et le patient doit s'en souvenir, mais il n'est pas possible de se souvenir de quelque chose qui n'a pas encore eu lieu, et cette chose du passé n'a pas eu lieu parce que le patient n'était pas là pour que ça ait lieu en lui. Dans ce cas, la seule façon de s'en souvenir est que le patient fasse pour la première fois, dans le présent, c'est-à-dire dans le transfert, l'épreuve de cette chose passée. » (D.W. Winnicott)

Parfois, la crainte de le revivre existe, d'une certaine manière, cette crainte majeure (un *breakdown*) de la réapparition d'une expérience agonique ancienne qui a provoqué l'organisation défensive actuelle. Ce risque d'effondrement date d'une époque où le moi du bébé était beaucoup trop immature pour rassembler et intégrer tout ce qui lui arrivait. La grossesse (comme la cure analytique, comme la crise du milieu de la vie), par la transparence psychique et la crise du refoulement habituel qui l'accompagne, peut faire revivre ces stades extrêmement primitifs de l'organisation. Tout cela semble très dur, mais l'univers de James Cameron avec toutes ses catastrophes en est pourtant une très bonne illustration.

Le choix peut être de vivre ou de mourir autre part : toute personne vit inconsciemment dans la crainte de l'effondrement. Il s'agit cependant d'un paradoxe, car le début de sa vie est seulement asymptotique : il ne peut être revécu. Peut-être que l'impact de la crise du milieu de la vie est directement lié à la résistance psychique à l'occasion de l'émergence de cette idée d'effondrement.

Personne ne le vivra de la même manière. Certains n'en verront que des bribes, d'autres la vivront au plus profond d'eux-mêmes pendant des années et des années. Ceux qui passeront le cap vivront une sorte de résurrection que nul d'autre qu'eux ne pourra mesurer : cela nécessite de tomber assez bas, de supprimer beaucoup de soi, et par conséquent de reconstruire énormément. Le chemin accompli n'est en réalité pas vraiment mesurable (ce que savent, entre autres, ceux qui ont cherché à « terminer » une analyse).

Si certains n'y survivront pas, d'autres l'intégreront assez vite : dans l'univers de James Cameron, il existe toujours une porte de sortie, et c'est tout l'enjeu du scénario de montrer toutes les ressources que le héros trouve en lui pour s'en sortir.

Dans *Abyss*, *Titanic* et *Avatar*, les héros passent très près de la mort : Bud est donné pour mort, Rose ayant changé de nom, donc d'identité, passera pour morte, et Jake Sully sera véritablement mort aux yeux des humains. Un des aspects psychologiques cruciaux de l'univers de James Cameron tient au fait que ces personnages ont tous, à un moment donné, accepté l'idée de leur mort : Bud (au fond de la fosse), Rose (à la poupe du Titanic), Ripley (lorsqu'elle descend affronter la reine des aliens) et le couple Sarah Connor/T-800 (dans *Terminator 2*). Quelque part, tous ces personnages sont morts[24]. Et que dire de Jake Sully et de son frère jumeau qui meurent, l'un au début, l'autre à la fin du film.

---

24. « Avec *Avatar*, Cameron nous jette brutalement au pied du mur, mais cette fois sans laisser poindre la moindre lueur d'espoir, si ce n'est dans le fait que son film se déroule dans un futur trop proche. Une morale d'une violence rarement vue dans un blockbuster hollywoodien, et qui aurait pu provoquer un tollé si le film ne nous permettait pas, durant ces bien trop brèves 2 h 40 de béatitude, d'adopter le regard de ces êtres supérieurs observant les pauvres Terriens propager le chaos. À la moitié du film, quand Jake Sully commence à virer de bord, le personnage est clairement dépeint comme un « nolife » maladif, un drogué de sa vie parallèle qui rejette son enveloppe humaine à mesure que sa propre race le dégoûte, pour mieux se projeter dans le monde de son avatar. On savait déjà que Cameron était un créateur de mondes fasciné par la destruction. Cette fois, il nous a bâti un Éden tout en dégommant à bout portant la civilisation humaine. » (Julien Dupuy, Excessif.com)

Être prêt, c'est accepter de vieillir, de s'arrêter, de renoncer non pas au plaisir ni au désir, mais bien à tout ce qui ne fonctionne plus parmi les schémas du début de sa vie, à savoir des idéaux de l'enfance, des constructions de jeune adulte, bref tout ce qui a pu fonctionner « avant ». C'est à soi-même de diriger sa propre existence. Ceux qui parviennent à l'univers « d'après » le situe « après la mort », « après le déluge », « après la résurrection ». Ces mots ne sont pas trop forts pour décrire ce que de nombreuses personnes vivent, bien au-delà souvent d'un simple réaménagement : elles peuvent avoir l'impression d'avoir réellement vécu comme un enfant, comme un robot, comme un personnage sur une scène de théâtre (c'est également ce que disent les personnages de James Cameron). Ces personnes ont parfois l'impression d'avoir dû tout détruire, tout casser, tout changer : elles ont parfois l'impression de ne plus être la même personne. Elles pensent que la musique s'est arrêtée, que le monde n'est plus du tout le même. Elles vivront alors des plaisirs nouveaux, des libertés jusqu'alors inaccessibles, dans des vies plus légères (et difficiles à décrire à ceux qui ne sont pas passés par là »).

> *J'ai du mal à croire que cela ne fait que trois mois que je suis là. Je me souviens à peine de mon ancienne vie. Je ne sais plus qui je suis.* (Jake Sully)

Ne pas accéder au stade final, c'est ne plus être que son ombre, comme happé par son propre monde narcissique, celui qui n'a pas été assez marginalisé, celui du passé. Mais être prêt n'est pas donné à tout le monde : il s'agit plutôt d'une chance. Chacun fait son chemin, chacun trouve un sens à son chemin, et les certitudes n'existent pas : les personnages de l'univers de James Cameron qui sont sûrs d'eux finissent souvent mal, tandis que ceux qui hésitent ou qui sont perclus de doutes (comme Jake Sully) s'en sortent, certes au prix de renoncements terribles.

Ceux qui parviennent au bout de leur chemin en sentent toujours les conséquences au plus profond de leur corps. C'est pourtant à ce prix que le désir et la mort prennent leur véritable dimension. C'est aussi pour cela que personne ne souhaite vraiment changer ni vieillir (même au-delà des considérations physiologiques, naturelles). Vieillir, c'est se rapprocher de la fin de la descente, épuisé par les efforts de la montée et de la descente, des souvenirs de paysage plein les yeux, souhaitant goûter au repos bien mérité.

Ce n'est pourtant pas de la sagesse qui se trouve au bout du voyage : plutôt le mélange improbable du doute permanent et de la capacité d'assumer ses choix, de la solitude et de la recherche de l'autre, du désir et de son impossibilité d'accomplissement complet. Ce n'est ni le calme, ni la tranquillité, ni la sérénité, ni la paix. Et certainement pas l'hémorragie narcissique de l'ombre du passé[25].

---

25. « Être dans le monde, c'est être sorti de l'époque originelle, avoir perdu le paradis, c'est avoir basculé dans l'histoire, c'est avoir subi la chute après une catastrophe. » (A. Missenard)

C'est surtout retrouver une nouvelle légèreté dans ses actes malgré sa gravité intérieure. Être lourd et léger à la fois : encore un paradoxe de certains personnages de l'univers de James Cameron. *Ne te demande pas pour qui sonne le glas. Il sonne pour toi*, écrivait le poète anglais John Donne : d'une certaine manière, le glas sonne effectivement pour Bud, Rose, John Connor et particulièrement pour Jake Sully.

Dans l'univers de James Cameron, si les personnages sortent moulus de leur voyage en enfer, leur œil, même blessé, même vieilli, a gagné une étincelle qu'il n'avait pas. Dans *Avatar*, l'image de l'œil humain de Jake Sully est omniprésente, de la première à l'avant-dernière scène : un œil toujours inquiet, soit agité, soit à moitié fermé. Toutefois, à la fin du film, et malgré l'image de synthèse, il est possible de dire que le dernier regard de *jakesully* (son nouveau nom) est, pour la première fois, profond et serein. Rempli de désir, rempli de l'impression d'être, enfin, l'élu.

> *« Neytiri : Pour devenir Taronyu, chasseur, tu dois choisir ton Ikran, et il doit te choisir.*
> *— Jake Sully : Quand ?*
> *— Quand tu seras prêt. »*

La place de l'élu

L'univers complexe de James Cameron fait effectivement une place importante à ce qui peut être nommé « l'élu », notamment par sa corrélation à la construction du foyer. Étudions donc succinctement ces notions d'élu et de foyer dans l'univers de James Cameron.

Dans les sociétés occidentales, les peuples sont passés progressivement d'un habitat majoritairement rural et ancré dans un lieu géographique à des modes de vie à la fois plus citadins mais aussi plus nomades. L'évolution constante des métiers et des besoins de recrutement amène en effet les hommes, les femmes, les foyers à changer de lieu de résidence beaucoup plus fréquemment, non sans angoisse.

Et pourtant, passé le temps de la jeunesse (lorsque la soif d'horizon commence à s'étioler), un désir d'enracinement apparaît souvent, même confusément. Il peut émerger à l'occasion d'une rencontre, voire d'un mariage, de la naissance d'enfants, d'un achat immobilier. Ce désir n'émerge pas toujours : parfois, au contraire, il se produit une fuite en avant (partir toujours plus loin, chercher du neuf, aller ailleurs). Après le temps de la recherche de ses limites, c'est la question du foyer qui commence à se poser.

Or toutes les personnes n'arrivent pas égales devant ces choix à effectuer : leur histoire, leurs attaches, leur structuration, leurs rencontres peuvent leur permettre ou non de s'établir. Celles qui y parviennent sont celles qui sont prêtes à une vraie rencontre avec elles-mêmes et donc avec leur passé. D'autres n'y parviennent pas vraiment, parce que l'occasion ne s'est pas encore présentée, parce qu'elles ne sont pas assez enracinées dans leur passé, parce qu'elles cherchent ailleurs ce qu'elles n'ont pas encore véritablement découvert en elles-mêmes. Mais, tôt ou tard, la plupart des personnes iront à la recherche de leurs racines. Et c'est à ce moment-là qu'elles pourront vérifier où et comment elles peuvent reprendre racine : Ripley et Newt, Rose et Jack, Sarah et John Connor, et enfin Jake Sully devront reconstruire, mais symboliquement loin, très loin, du monde d'où ils viennent.

En effet, ainsi que nous l'avons expliqué, l'enfant, bercé dans un panier transgénérationnel, baigne incontestablement dans la culture de ses parents, s'imprégnant des schémas de son milieu, buvant les informations de son environnement à travers des parents et ses proches. Si tout se passe bien, dans un processus véritablement osmotique, de véritables racines parentales vont se créer au plus profond de lui, des racines que l'on peut qualifier d'historiques (au contraire de génétiques). La question qui se pose alors est : devenu adulte, celui qui est (forcément) né des racines du pays de son enfance peut-il ou doit-il vraiment s'enraciner dans un nouveau pays ? Faut-il qu'il rencontre quelqu'un d'autre ? Revenons donc sur le processus de cocréation du couple, c'est-à-dire dans le redoutable parcours croisé qui permet la création symbolique d'un foyer.

Effectivement, comme cela a été expliqué précédemment, le développement psychique différent chez l'homme et chez la femme, fait que le processus de choix mutuel dans un couple n'est pas symétrique à l'instar de la bisexualité psychique.

Rappelons que le parcours psychique de la petite fille (changement d'objet d'amour de la mère vers le père) lui donne cette potentialité d'élire un nouvel objet. En effet, elle porte en elle, dès la structuration œdipienne effectuée, son père (sans rivalité de sexe, à l'inverse du garçon). En intégrant peu à peu ce père en elle, elle développe cette capacité unique de pouvoir « élire » un nouvel « homme », qui va progressivement se substituer à ce père intégré. Cette capacité dépasse le simple choix : il s'agit véritablement d'une élection.

Quant au petit garçon, son parcours psychique ne permet pas le développement de la même potentialité. Si son édification œdipienne s'est déroulée acceptablement, il portera en lui son père, mais avec une certaine rivalité de sexe. Il devra symboliquement le tuer pour pouvoir construire un univers en lieu et place de celui de son père, donc quelque part « ailleurs », dans un autre royaume symbolique.

Ces deux parcours peuvent se lire aisément dans les personnages de l'univers de James Cameron, comme dans ceux, par exemple, de Walt Disney. Nous pouvons également citer les contes de l'enfance, eux aussi souvent basés sur ces fondamentaux de la structuration : c'est pour cela qu'ils restent si présents dans les lectures.

Ainsi la construction d'un nouveau lieu pour son épanouissement propre n'est-elle pas exactement symétrique pour le jeune homme et la jeune femme. La construction du foyer (pour perpétuer l'espèce) est donc, elle aussi, fort logiquement, dissymétrique. Le jeune homme se retrouve en position de recherche d'un lieu nouveau pour la femme qui va l'élire. Comme il n'a pas la possibilité d'être l'élu de toute « femme » dont il aimerait être l'élu, il ne lui reste qu'à multiplier ses efforts pour solliciter et/ou accepter une élection. Tout l'argent, tous les exploits, toute la force déployée par un homme ne pourront jamais convaincre une femme de l'élire si tel n'est pas son désir. Le besoin de conquête d'un homme repose sur son impossibilité à conquérir une femme qui ne l'a pas élu (transfert de sa mère).

En revanche, une femme peut, symboliquement, élire, investir un homme, créer autour de lui un foyer, à la condition que cet homme-là le souhaite et soit capable d'assumer ce choix. Symboliquement donc, l'homme emmène, à l'instar du Prince de Blanche-Neige, sa « femme » sur ses terres à lui, c'est-à-dire sur les terres symboliques émergées des ruines de celles de son père. Quelque part, symboliquement, l'homme vient chercher sa femme sur le territoire du père de celle-ci, et l'entraîne pour créer un nouveau « nid » dans le royaume qu'il crée sur le territoire du roi qu'il a tué, son « père ». Un double accomplissement symbolique de la part des deux personnes du couple est de ce fait nécessaire pour qu'elles puissent créer un foyer. Même si c'est S. Freud qui a, le premier, décrit l'œdipe et ses conséquences, il n'y a rien de très nouveau : cette nécessité dissymétrique de coconstruire du nouveau n'est pas loin d'une sorte d'instinct humain.

Comme dans beaucoup de dessins animés, dans les séries Z ou dans les grands films, l'histoire est toujours la même : chez ceux de James Cameron, les personnages n'agissent pas différemment, même si l'on peut reprocher à James Cameron d'être un peu caricatural.

> *J'ai déjà choisi [ma femme]. Mais elle aussi doit me choisir.* (Jake Sully)

Ainsi, dans *Aliens*, les trois personnages centraux sont Ripley, la reine des aliens et Newt. Les parents de cette dernière sont morts, massacrés dans la colonie qu'ils construisaient (leur foyer). Ripley va donc devoir extirper cette petite fille de l'univers de ses parents, détruit de l'intérieur par des « étrangers » destructeurs (produits de la « mère »), et l'envoyer vers un lieu plus sûr, vers un avenir. Au début du film, Ripley n'accepte d'y retourner que pour expulser ses vieux démons : elle souhaite d'ailleurs partir le plus vite possible dès qu'elle remarque la présence des aliens. Pour elle, dès le début, cette colonie est morte ou va mourir : il est impossible d'arranger les choses, et il faut fuir le plus vite possible. C'est la présence de Newt qui va changer la donne : il lui faudra la retrouver et tuer l'être qui la menace. Ripley devra descendre au cœur de la colonie donc au cœur du problème, c'est-à-dire là où la reine pond ses œufs : une véritable descente aux enfers, nécessaire pour pouvoir aller de l'avant et proposer un avenir à la petite Newt.

Dans *Abyss*, l'héroïne doit, pour se sortir d'une situation de mort potentielle, accepter de se laisser devenir inconsciente, à la frontière de la mort. C'est, en réalité, grâce aux massages cardiaques (pour le moins énergiques) de son mari Bud qu'elle devra sa renaissance, un homme qu'elle retrouve, après qu'ils se sont perdus pendant de nombreuses années. Elle et lui vont vivre un nouveau départ, lui passant aussi par la mort (au fond de la fosse, il ne sera sauvé que par l'intervention des Extraterrestres à l'allure liquide).

Dans *Terminator 1*, Sarah Connor est brutalement sortie d'un monde tranquille par Kyle Reese, le père de son futur enfant, parce que ce monde est menacé par le Terminator T-800, image du père menaçant de Sarah Connor. Kyle lui explique que c'est l'apocalypse qui l'attend, l'apocalypse à laquelle elle devra se préparer. Dans le deuxième opus, c'est le jeune John Connor qui est au centre de la problématique : il est sauvé par son père (le T-800 reprogrammé… par lui), et doit le tuer pour construire quelque chose (il deviendra le chef de la résistance). Sa mère est présentée comme à moitié folle, complètement obnubilée par l'apocalypse atomique qui se profile. Sarah Connor comme Ripley semblent « remplies » d'attributs symboliquement masculins (muscles, armes, compétence technique…).

C'est dans *Titanic* que le thème de l'accomplissement symbolique est le plus présent. Le centre du film n'est en vérité ni le très beau paquebot, ni le très beau Jack Dawson, mais bel et bien Rose DeWitt-Bukater, jeune fille complètement étouffée dans une vie rigide dirigée par sa mère. Partie pour se fiancer avec l'homme qu'a choisi sa mère, elle rencontre au cours du voyage sur le paquebot un homme qui symbolise le (re)nouveau. Cet homme, artiste ouvert sur le monde, Jack Dawson, sera son élu : celui qui la révèle à elle-même, et la sort des griffes du monde de son père et de sa mère. L'image de Jack, que l'héroïne décroche de sa main, se dissoudra peu à peu dans l'eau, juste après que le gigantesque bateau aura coulé corps et biens. C'est comme si, métaphoriquement, Rose accédait, par identification, au monde d'après, grâce à Jack Dawson, dont elle prendra le nom. Le spectateur peut constater que Rose a rencontré l'homme de sa vie, son élu, mais qu'elle ne vivra pas avec lui : elle se mariera, aura des enfants avec (au moins) un autre homme, puisqu'elle s'appellera Rose (Dawson) Calvert. Symboliquement sauvée par son élu des griffes du monde de son enfance, elle pourra aller sur les terres de cet élu, à savoir, ici, les États-Unis, symbolisés par l'arrivée à Ellis Island. Elle pourra ainsi devenir très vieille, avec l'œil du désir issu de ce « père » qui lui a donné son identité et qu'elle a doublement largué dans les eaux glacées, mais au prix d'un manque. Ce dernier sera magnifiquement symbolisé par le diamant qu'elle larguera, comme l'ultime hommage à Jack, comme le dernier acte avant son décès (la dernière image de Rose la montre en train de dormir ou en train de mourir).

Enfin, *Avatar*, nous l'avons précisé, montre le parcours que doit accomplir Jake Sully pour se révéler à lui-même. Il se dissociera de son frère jumeau, symbole de son passé, de son colonel, symbole d'un monde sans limite, pour se rapprocher du Dr Grace, symbole du passage vers l'autre monde. Il y rencontrera Neytiri qui, elle aussi, parcourt un chemin symbolique vers lui : c'est elle qui l'impose devant Tsu'tey, chef des guerriers, futur chef de la tribu, tandis que son père meurt, indirectement tué par son élu (ou plutôt la famille de son élu, les humains). Jake Sully sera celui qui parviendra à dompter le monstre volant mythique de Pandora, le Toruk, symbole de la force et de la pérennité de ce monde. Jake Sully devient non seulement le chef d'un nouveau monde dans lequel il affirme son nom, mais aussi l'élu de Neytiri.

Nous notons ici une évolution dans l'accomplissement des personnages de James Cameron : dans *Aliens* et *Terminator*, il n'est pas question de couple, puisque tout est centré sur des enfants. Dans *Abyss*, la thématique du couple se met en place, mais le lien entre Bud et Lindsay n'est pas très bien rendu, avec une thématique pas assez œdipienne, selon nous. Dans *Titanic*, le personnage est une femme, Rose, qui accomplit son destin grâce à son extraordinaire rencontre avec Jack Dawson, mais il n'y a rien sur Jack lui-même, qui n'est qu'un « fantôme », un représentant symbolique de ce père qui lui dit de partir des jupes de sa mère. Et enfin, dans *Avatar*, c'est un homme qui accomplit son destin avec une femme réelle : Jake Sully et Neytiri (l'histoire n'est, selon nous, pas terminée). Selon son réalisateur, le premier scénario d'*Avatar* date d'avant *Titanic*, mais il n'a pu mener à bout son projet pour des raisons techniques, la capacité de calcul des ordinateurs de l'époque ne lui permettant pas de concevoir un univers numérique riche comme il le souhaitait. Peut-être que l'homme James Cameron n'était pas, non plus, encore assez mûr pour concevoir un univers psychologique avec l'accomplissement symbolique d'un homme. Ce ne serait pas anormal, tous les créateurs ne suivant que leur propre accomplissement personnel, leur maturation interne, réglant perpétuellement des comptes avec eux-mêmes, via leurs créations.

Ainsi, dans *Avatar*, si la place du thème de l'élu est centrale, il s'agit d'une place symbolique : en aucun cas, il ne s'agit d'une vision messianique, comme nous l'avons indiqué plus haut.

En revanche, cette place doit être relue (et tempérée) à la lumière de l'hypothèse Gaïa.

Eywa : la mère ultime selon James Cameron

Le cinéma de James Cameron porte donc à la fois un message de destruction (celle du monde du père à travers les machines, celle du monde d'avant le choix de sa vie), et un message de construction (après l'apocalypse, il y a un espoir, porté en chaque homme et chaque femme, à condition de revenir en enfer et de faire table rase du passé). Toutefois, si ce message, à tonalité de règlement de comptes œdipien et comprenant la notion d'élu, semble bien présent dans *Avatar*, il doit être étudié par rapport au statut d'Eywa.

> *Nous sommes en train de perdre le contact avec Mère Nature. L'être humain néglige de plus en plus les cycles de la vie, considère la nature comme une simple produc-*

trice de protéines. L'harmonie s'éloigne. En fait, pour tout vous dire, j'aurais voulu être un Na'vi.
(James Cameron, interview Delcroix, Wachhausen, *Le Figaro*, 15-12-2009)

Le peuple des Nav'is est montré, dès le début avec les messages donnés à Neytiri, en communion profonde avec Eywa, apparemment une Mère Nature élevée quasiment au rang de divinité (ce sur quoi le colonel Quaritch ironise). Comme nous l'avons vu, il ne s'agit pas pour James Cameron de trouver une manière de parler à l'inconscient collectif mondial : même s'il le pense, la présence d'Eywa n'est pas uniquement une volonté de proposer un discours sur la sagesse de peuples premiers.

Néanmoins, ce néo-syncrétisme des Na'vis semble s'inspirer de nombreux cultes, plus ou moins axés sur le chamanisme, la sorcellerie ou bien le druidisme.

Ces cultes sont toujours orientés vers l'idée d'une sorte de flux auquel seuls les chamanes, les sorciers ou autres druides peuvent se connecter, dans des rites sacrés, éventuellement en situation de transe. Nous voyons dans *Avatar* l'exemple ultime lors de la scène finale, où les Na'vis sont tous unis en chantant et en bougeant en rythme pour communier ensemble sous l'égide d'Eywa. Il est, bien évidemment, possible d'y voir également une cérémonie religieuse, qu'elle soit dans un temple, une église, une mosquée…

De plus, les cultes semblent aussi très liés à l'énergie primordiale : la force de vie divine avec et par laquelle il faut atteindre l'équilibre, l'harmonie, l'union de la femme divine est souvent métaphorisée par quelque chose de féminin : la Mère, la Terre Mère, la Mère Nature. C'est un des aspects très importants de ces cultes liés à la nature, car les cultes religieux plus traditionnels (notamment dans les pays développés) sont souvent centrés sur un Dieu, représenté par un Prophète, avec une consonance nettement masculine. Il est vrai, nous l'avons précisé plus haut, que la régulation semble être, quitte à caricaturer, du côté de l'homme et la communion du côté de la femme.

James Cameron tient finalement un discours plus proche de la force vitale à laquelle tout le vivant reviendra tôt ou tard. Eywa est décrite par les Na'vis comme un vaste réseau d'énergie créatrice : tout est lié à Eywa, tout vient à Eywa, tout revient à Eywa. C'est un principe de vie, un principe de non-mort, avec une très profonde communion (assez spirituelle) : les Na'vis entretiennent de ce fait un lien constant avec chaque arbre, chaque plante, chaque animal. À la fin du film, c'est ainsi chaque être vivant (en état de combattre) qui viendra détruire l'armée des humains.

Tout d'abord, ces cultes se retrouvent dans de nombreuses traditions latines et grecques (Demeter pour n'en citer qu'un chez les Latins, ou encore Gaïa chez les Grecs). Dans le culte hindouiste, c'est Shatki qui incarne l'idée de fertilité, de fécondité et d'amour, donc le lien avec la nature créatrice.

Le peuple Na'vi habite au pied de l'arbre maison, qui est un arbre absolument gigantesque, comportant à la fois des ramifications et une toile interminables, un arbre autour duquel toute leur vie s'organise. Cette notion de l'arbre est présente au cœur de nombreuses traditions spirituelles et de nombreux cultes, que cela soit dans la Bible avec l'arbre de vie et le buisson ardent, chez les divinités celtes, et dans beaucoup de cultes chamaniques d'origines africaines, voire amérindiennes, voire même dans les traditions nordiques (Yggdrasil). Notons que certains arbres ont une symbolique propre : l'olivier pour la paix, la sérénité, le chêne pour la longévité. L'arbre est en outre l'emblème du Canada avec l'érable, celui du Liban avec le cèdre et il a une place symbolique très forte au Brésil et au Japon (la période de floraison des cerisiers est célébrée dans tout le pays).

L'arbre, c'est encore le lien au passé, le lien aux générations précédentes (arbre généalogique) ; l'arbre, c'est aussi du « dur » au milieu de plantes éphémères ; l'arbre, c'est aussi le symbole de l'éternité (les séquoias, les pins de Bristlecone âgés de quatre mille ans, les eucalyptus) ; l'arbre, c'est aussi le stockage du dioxyde de carbone allié à la production d'oxygène, source de vie ; l'arbre, c'est enfin la protection supposée pendant l'orage, la construction de maison, la transformation en charbon, etc. Ainsi, dans l'arbre, il y a la symbolique de la renaissance perpétuelle, avec l'idée que le Tout se retrouve dans chaque fragment : chez les Na'vis, Eywa est incarnée dans cet arbre. La chute de l'arbre central n'est cependant pas une chute d'Eywa, mais la fin provisoire d'un cycle. Chaque fragment de l'univers de Pandora se mélange et communie avec la planète tout entière : Jake Sully se le fait bien expliquer par Neytiri dès leurs premières rencontres, et le Dr Grace l'explique aussi, mais en vain, avant l'attaque :

> *Je ne suis pas en train de parler de simples pratiques vaudou, mais de quelque chose de lisible et de mesurable lié à la biologie de cette forêt. D'après nos observations, il y aurait une transmission de type électrochimique permettant aux arbres de communiquer entre eux. Ça agirait comme les synapses entre les neurones, et chaque arbre a 104 connexions avec les autres arbres. Et on sait qu'il y a environ 1 012 arbres sur Pandora. C'est plus de connexions que dans le cerveau humain. Vous vous rendez compte, c'est comme un réseau, un réseau d'une dimension phénoménale auquel les Na'vis ont accès et grâce auquel ils peuvent échanger des données, de la mémoire dans des lieux tels que celui que vous venez de détruire. La richesse de ce monde est toute autour de nous, et pas seulement sous nos pieds. Les Na'vis le savent et sont prêts à se battre pour le défendre. Si vous voulez partager ce monde avec eux, il faut que vous appreniez à les comprendre.*
>
> (Dr Grace)

Pandora est aussi spectaculaire par sa forêt très primitive, sorte de jungle inextricable, source de peur et de protection, à la fois enfer et paradis. La valeur spirituelle et culturelle de la forêt réelle ou mythique est également très importante : des noms comme Brocéliande, Nemeton, Dodone ou Amazonie résonnent toujours. En Inde, comme autrefois en Europe, certains ermites se retirent en forêt, tandis que les sommets boisés abritent souvent des temples. Domaine des brigands, voire de l'Homme sauvage, lieu de chasse du loup, domaine des chasses royales ou lieu de repli des résistants, la forêt a une symbolique si forte qu'il aurait été étonnant que James Cameron ne l'utilise pas dans son allégorie (assez simpliste) de la Terre primitive.

Nous le voyons, la nature a une place non seulement privilégiée, mais quasiment divine dans *Avatar*[26]. Cela était beaucoup moins vrai dans les films précédents du réalisateur : la saga *Terminator* se passait à l'intérieur d'une ville, *Abyss* dans une plateforme sous-marine à des centaines de mètres sous la surface de la mer, *Titanic* bien évidemment dans un paquebot perdu à des centaines de milles de toute terre, et *Aliens* dans un complexe industriel.

Pour aller encore plus loin, il est nécessaire de revenir sur l'hypothèse Gaïa, une hypothèse extrêmement controversée avancée notamment par l'écologiste anglais James Lovelock dans les années soixante-dix. Ce dernier, repre-

---

26. « [Dans *Avatar*] le mécanisme de sélection naturelle, c'est-à-dire le jeu local et aveugle du hasard et de la sélection proposée par Charles Darwin il y a cent cinquante ans, et qui reste à ce jour d'une formidable puissance pour expliquer l'ensemble de l'évolution du vivant, prend un coup dans l'aile. Car si des structures semblables apparaissaient indépendamment sur des planètes distantes, cela signifierait que nous aurions attribué trop d'importance au hasard sur Terre. Il faudrait se résoudre d'urgence à envisager d'autres mécanismes pour expliquer ces tendances partagées telles que le passage à l'état multicellulaire, la distinction entre végétaux et animaux, sans parler de l'évolution de certaines formes vivantes vers une forme de culture et de civilisation. Même si rien n'interdirait d'imaginer des explications rationnelles à cela, cette perspective ouvre néanmoins les portes à toutes les ambiguïtés dont les biologistes se sont progressivement et salutairement éloignés grâce à Darwin et ses continuateurs, notamment celles qui voudraient que des forces obscures, pourquoi pas divines, interviennent à des moments-clés de l'évolution pour lui donner une direction. » (Thomas Heams, *le Monde*, 16-1-2010.)

nant en les clarifiant des éléments proposés par diverses personnes avant lui (dont des scientifiques), propose l'idée selon laquelle la Terre serait une sorte de système physiologique dynamique incluant la biosphère : la Terre serait ainsi maintenue en harmonie avec la vie depuis les origines du monde. Il propose donc que l'ensemble des êtres vivants puisse alors être perçu comme un vaste organisme qu'il appelle Gaïa (la Terre, dans la mythologie grecque).

Cette Gaïa serait capable de s'autoréguler pour favoriser la vie, créant donc une atmosphère comme par hasard idéale pour ses habitants, un processus de régénération comme par hasard parfait pour la continuité du monde vivant, comme il l'explique entre autres dans l'*Hypothèse Gaïa*, en 1999. Nous sommes ainsi très prêts d'Eywa de James Cameron.

En réalité, Lovelock, qui s'attend à subir le feu de la critique, dit avoir tenu à conserver la théorie de Charles Darwin sur l'évolution des espèces : selon lui, son hypothèse Gaïa ne serait aucunement en contradiction avec les conclusions de l'évolutionnisme. En réalité, il ne conserve que l'idée d'une génétique comme outil de mélange, et développe l'idée d'une sorte de co-évolution qui définirait le « vivant » comme une propriété intrinsèquement liée à l'écosystème. Si chaque espèce poursuit son intérêt, la combinaison des actions de toutes les espèces tend seulement à contrebalancer les effets du changement environnemental, pour maintenir une unité globale. Bien entendu, Darwin et bien d'autres ont proposé que ce soit le milieu qui crée la pression pour modifier les espèces, et non l'inverse.

Dans l'hypothèse Gaïa, la Terre serait un supra-être vivant, sans prédateurs et sans proies, ce qui est une contradiction avec l'évolution naturelle qui stipule que le vivant n'existe que par son combat pour se nourrir y compris d'autres espèces, par son combat pour sa protection contre des prédateurs. C'est pour cela que cette hypothèse repose sur une notion de Mère Nature d'essence divine, une sorte de paradis ultime d'où chacun sort et revient. Sur Gaïa, la mort n'est donc qu'un passage, peut-être un peu douloureux.

Dans *Avatar*, la mort existe, mais elle fait partie de la vie, comme un retour vers Eywa, qui doit nécessairement s'effectuer selon un rituel. D'ailleurs, le spectaculaire rite de la scène finale donne l'impression que, malgré la guerre qui vient de se produire, Eywa n'a pas perdu les commandes : Jake Sully apparaît avec ses véritables yeux et se réincarne grâce à Eywa. Dans tout le film, Eywa est montrée sous un jour positif : elle envoie des messages à Neytiri (sorte de petits êtres transparents qui volent), elle unit Jake Sully et sa compagne (une partie de la scène d'accouplement, coupée au premier montage, sera dans la version *director's cut*), elle envoie des signaux dans la forêt, elle répond à Jake Sully, et donc lance tous les animaux contre l'envahisseur.

Après avoir passé la première partie de sa vie sans trop se poser de questions, chaque être humain a un jour conscience qu'il s'en va vers la mort, que les choses qu'il a aimées ne se retrouveront plus, qu'il y a de la perte, que rien n'est éternel, et que seul le prolongement de l'espèce à travers sa descendance lui donnera l'impression d'une continuité.

Car tout meurt, d'une certaine manière : c'est la destinée de chaque être, celle qui donne le prix à la vie. La structuration œdipienne a donné les armes pour créer du nouveau, pour créer un foyer symbolique, pour donner les conditions d'existence d'une suite à soi-même, à travers la descendance. Pour éviter de voir cette difficulté, la religion peut proposer une autre voie : celle où les routes sont parallèles et se rejoignent vers un « dieu ». Dans l'hypothèse Gaïa, nous ne sommes pas très loin, avec la réunion ultime dans une « Nature » : cela semble être fortement présent dans *Avatar*.

Cette hypothèse de Lovelock connaît un certain succès, et son auteur l'utilise en vérité pour donner une certaine conscience collective [27].

Il est clair qu'il existe un lien étroit entre la foi et l'écologie selon Lovelock, c'est-à-dire selon Gaïa, avec

---

27. « Je sais que personnaliser le système Terre en tant que Gaïa, comme je l'ai souvent fait et continue de le faire dans ce livre, perturbe le scientifiquement correct, mais je ne me repends pas parce que les métaphores sont plus que jamais nécessaires pour la large compréhension de la vraie nature de la Terre et des dangers à venir. Après avoir vécu quarante ans avec le concept de Gaïa, j'ai cru que je la connaissais, mais je réalise combien j'ai sous-estimé la sévérité de sa contrainte. Je savais que notre Terre auto-régulatrice a évolué à partir d'organismes qui laissaient un meilleur environnement pour leur progéniture et par l'élimination de ceux qui spoliaient leur habitat, mais je n'avais jamais réalisé combien nous étions destructifs ou combien nous avions si gravement endommagé la Terre que Gaïa nous menace maintenant de l'ultime punition d'extinction. » (*La Revanche de Gaïa*, 2006.)

ce fond de sentiment mystique de la Mère Nature. Très récemment, soit en 2001, lors de la conférence d'Amsterdam, quatre des principales organisations de recherche sur le « Changement global » ont consacré, d'une certaine manière, la théorie de Lovelock. En effet, plus d'un millier de délégués ont signé une déclaration dans laquelle était écrit que la Terre ou le système Terre se comporte comme un système unique autorégulé, composé d'éléments physiques, biologiques et humains. Ce n'est rien d'autre qu'une version de l'hypothèse Gaïa, même si l'affaire est en réalité plus complexe.

C'est dire à quel point un film comme *Avatar* n'arrive pas vierge de toute signification dans un monde qui se cherche et qui, réchauffement climatique ou non, écologie ou non, cherche des réponses (éventuellement pas très scientifiques) à des problèmes qui nécessitent apparemment un accord global. Il n'est pas étonnant que cet accord puisse dériver vers l'idée d'union, de réunion, voire de communauté.

Rappelons que Lovelock n'apprécie pas les écologistes qui placent, selon lui, l'homme au centre de la problématique liée à l'environnement, contrairement à son hypothèse. Avec un seul film comme *Avatar*, il est difficile de dire si chez James Cameron le sentiment écologique se rapproche de cette dernière idée. Rappelons que Lovelock allait jusqu'à dire récemment que l'espèce humaine était en grand danger[28].

---

28. « L'espèce humaine est une sorte de maladie planétaire. Mais la civilisation, elle, est en danger. Et c'est la civilisation qui nous rachète et fait de nous un atout précieux pour la Terre. » (Lovelock, en 2006.)

Lovelock n'est pas le seul à proposer des hypothèses tournant autour de cette idée de supra-régulation. Citons seulement le paléontologue Peter Ward qui considère que la Terre est, contrairement à Lovelock, quasiment « suicidaire », avec l'idée que la biosphère tend à redevenir le domaine des organismes unicellulaires, ce qui le conduit à l'idée que la vie est « toxique ». Il est vrai que, malgré beaucoup de réalités scientifiques, les idées écologiques profondes sont parfois issues de mouvements prenant assise sur le sentiment religieux (entre autres permis par l'efficace et populaire hypothèse Gaïa).

Précisons qu'avant *Avatar*, quelques films catastrophes ont exploité, d'une certaine manière, l'idée de Lovelock : *Alerte!* de Wolfgang Petersen montre ainsi une nature capable de contaminer l'humanité par un virus dans le but se débarrasser de l'homme. *Phénomènes* de M. Night Shyamalan montre un phénomène mystérieux qui frappe Central Park, poussant au suicide des centaines de personnes à New York. Dans ce film, les autorités américaines penchent très vite pour la thèse du bioterrorisme, tandis qu'un botaniste explique que devant la menace que représentent les humains, la végétation a mis au point un mécanisme de défense qui libère une toxine et pousse les humains à se suicider.

Enfin, dans le cadre d'une étude sur une œuvre de science-fiction touchant au thème de Gaïa, il ne nous semble pas possible de ne pas évoquer le parallèle avec l'heptalogie *Fondation* d'Isaac Asimov.

Dans les trois premiers tomes exceptionnels écrits très vite (*Fondation*, *Fondation et Empire*, puis *Seconde Fondation*), Isaac Asimov décrit ce qu'il nomme la psycho-histoire, une science créée par Hari Seldon dont l'objet est l'étude statistique des comportements de plusieurs milliards d'individus, dans le but de prévoir leur évolution future (à condition que les populations ne soient pas informées). Au départ, deux fondations sont créées : l'une est visible et ne s'occupe que de sciences exactes et historiques, et la deuxième, cachée « à l'autre bout de la galaxie » veille à la bonne application du plan Seldon malgré les multiples aléas de l'histoire. L'idée de la fameuse « Seconde Fondation » est très intéressante, avec cette idée d'une force cachée qui agirait en secret, pour le bien des personnes. Il est important de comprendre que la symbolique paternelle et maternelle est extrêmement présente, puisque Asimov va écrire, bien des années plus tard, deux suites à sa trilogie, deux suites qui utilisent le concept de Gaïa.

En effet, l'auteur, beaucoup plus âgé, s'intéresse désormais au concept d'une planète hypothétique, Gaïa (dans *Fondation foudroyée*). Après une recherche bien complexe, le personnage principal, Trevize, trouve la planète en question, dont la caractéristique principale est de ne former qu'un seul « être », avec lequel ses « habitants » communiquent et donc partagent. Confronté à différentes propositions d'organisation du monde, Trevize, choisi pour être l'élu, décide une organisation du type de Gaïa (un projet nommé Galaxia). Ce choix se fera subtilement, sans que les deux premières fondations aient l'impression de ne plus exister ni avoir l'influence qu'elles avaient. Ainsi, nous pourrions interpréter qu'Asimov considère qu'il y a une autre dimension que la problématique originelle, une autre dimension au conflit œdipien que nous voyons dans la trilogie initiale : une dimension suprahumaine, qui permet, peut-être, d'éviter d'affronter le problème des origines et donc de la mort.

Dans le dernier tome (*Terre et Fondation*), Asimov montre que Gaïa est finalement très liée à l'idée de robotique, puisque certains de ses habitants sont des robots, à l'allure certes très humaine. Trevize, arrivé au bout de sa quête des origines, va peu à peu comprendre pourquoi il a été élu pour choisir cette organisation : cette organisation Galaxia serait plus stable pour unir la galaxie contre d'éventuels envahisseurs. Il faut pour cela accepter l'arsenal de cette organisation, dont notamment la suppression de la liberté d'agir et, finalement, celle de penser individuellement.

Le parallèle avec *Avatar* semble évident, en dépit du fait qu'il est difficile de comparer une œuvre de centaines de pages avec un seul film (certes le premier d'une probable trilogie). Eywa peut être vue comme une entité de statut supérieur, regroupant dans un grand tout communautaire les Na'vis, les plantes et tout le bestiaire de Pandora : à moins d'adhérer à cette conception, Pandora peut être une véritable « boîte de Pandore »

Il est donc intéressant de voir que dans les univers de deux géants comme Isaac Asimov et James Cameron, les robots, l'histoire, le *timing* et l'être supérieur soient des conceptions finalement assez proches.

> « *Mo'at : Notre grande mère peut décider de transférer tout ce qu'elle [Dr Grace, mourante dans son corps humain] est dans ce corps [son avatar].*
>
> *– Jake Sully : C'est possible ?*
>
> *– Elle doit d'abord passer sous le regard d'Eywa, et revenir.* »

Conclusion : *Avatar*, une psychanalyse de Jake ou de James ?

Pour conclure, nous n'allons pas résumer tout ce qui a été dit au cours de ces quelques pages, ni évoquer ce que pourrait être une suite pour *Avatar*, dans le cadre de l'univers de James Cameron.

Revenons simplement sur le statut très intéressant du journal (vidéo) que tient Jake Sully, certes pas très intime. Lorsque le spectateur voit ses confidences, ses inquiétudes, ses peurs, ses doutes qui se lisent sur son visage, ses moments de bonheur (rares) et de déprime (fréquents), sa barbe montrant son laisser-aller ou son lâcher-prise, il ne peut pas ne pas penser à une psychothérapie ou plutôt, puisque l'interlocuteur n'est pas présent en face de Jake Sully qui parle en « écho », à une psychanalyse. Tout au long, il évoque ses états d'âme, et le spectateur le voit s'approcher du moment où il va décider quelque chose : on peut même dire que, d'une certaine manière, le spectateur est mis en position du psychanalyste, puisqu'il accompagne Jake Sully en le regardant, dans un soutien qui ne dit pas son nom, dans une sorte de *holding* invisible. Le spectateur est d'ailleurs complice de cette transformation profonde de lui-même : il attend l'« interprétation » (qui arrivera à la fin).

C'est aussi pour cela que le thème du double est si profondément ancré dans l'univers de James Cameron : le double, le jumeau, c'est l'ombre qui plane et qui empêche, peut-être, l'accomplissement. Se séparer de son jumeau, c'est peut-être se séparer d'une partie de soi-même, celle qui représente le passé, comme un boulet. Dans une psychanalyse, le statut du double est primordial : qui est-on vraiment ? Celui qui parle ou celui à qui l'on parle ? Celui qui était là ou celui qui sera là ? Celui qui est perçu, oui, mais par qui ? Dans ce thème de la perte de soi, c'est toute l'ambivalence du statut de la mort : entre meurtre du père et effondrement de celui de la mère, la présence de la mort est symbolisée par l'apocalypse nécessaire pour l'accomplissement. Mourir quelque part pour renaître ailleurs, comme Ripley ou Newt, comme Sarah ou John Connor, comme Bud, comme le Terminator, comme Rose et comme Jake Sully.

Comme nous l'avons vu, *Avatar* correspond à une évolution majeure des concepts fondamentaux de James Cameron. Il est rempli de créatures mi-hommes mi-aliens, de femmes puissantes et d'hommes complexes, de technologie, de vivant et de non-vivant, de paradis et d'enfer, de lien entre les êtres, de co-construction de foyer, avec une vision à la fois apocalyptique et remplie d'espoir. La présence ultime d'Eywa confirme la problématique du mélange avec la mère qui taraude le réalisateur, un mélange dont il faut se sortir avec les armes du père : peut-être qu'*Avatar* est, d'une certaine manière, un moment important dans l'évolution intérieure de James Cameron qui s'opère directement dans sa vie privée (cinq épouses), et indirectement dans son œuvre créatrice. Notons que Rose (de *Titanic*) était le prénom de la grand-mère du réalisateur, et remarquons aussi quelques assonances et allitérations : Ripley, Lindsay, Neytiri avec Shirley (mère de James Cameron), ainsi que John, Jack et Jake avec James (Cameron).

Avatar dit peut-être que c'est dans les douleurs et dans les pertes, qui sont le nécessaire corollaire des gains et des joies, que se trouvent les fondements de la capacité d'être seul et d'être soi-même. Tôt ou tard vient le temps des difficultés, du naufrage de l'enfance, de la perte de sa mère et de la dissolution de son père, mais aussi le temps de la conquête de sa liberté. Le choc n'est pas souvent facile à encaisser : le monde vivant ne s'en remettra pas sans tout bouleverser[29] : l'arbre central sera, d'une certaine manière, cassé.

Peut-être que si la sagesse et la paix n'existent pas, l'héritage du père détesté mais finalement intégré donnera, tout de même, la possibilité de se sentir mort

29. « Entre le chaos qui empêche la vie et la pétrification qui l'éteint, le monde vivant n'hésite jamais, il choisit le changement que l'on peut appeler évolution » (B. Cyrulnik).

quelque part, mais re-né, ailleurs, loin de sa mère. Après le bouleversement œdipien, il est possible d'être prêt pour se reposer, loin de son enfance, loin de son urgence, pour planter ses racines, de nouvelles racines, pour toujours. Pour cela, il faut revenir sur son passé, détruire toute trace de mère et de père, tout en utilisant, ambivalence œdipienne oblige, les armes de celui-ci pour s'en sortir, pour arriver, comme dans *Titanic*, vers un nouvel univers (le formidable fondu au blanc de la dernière image contraste avec les habituels fondus au noir de tous les films).

Dans *Avatar*, tout est symbolique : les unités de liaison (sorte de « sarcophage » faisant passer de la vie à la mort), les tresses des Na'vis (organe sexuel pour se « connecter » aux autres), le corps agrandi de Jake (les Na'vis mesurent plus de trois mètres cinquante de haut), le robot AMP du colonel Quaritch. *Avatar* dit aussi que la question importante est la suivante : comment définir le vivant, l'humain, le sentiment d'humanité ? James Cameron s'est posé la question pour les deux robots de *Terminator*, pour l'alien de Ripley, pour la créature d'eau d'*Abyss*, pour Jack de *Titanic*, et il continue avec *Avatar*. James Cameron a, inconsciemment, engagé au travers de son travail de création, une vaste analyse psychologique de lui-même pour découvrir quelque chose qui paraît si simple et si profond à la fois : ce qui définit l'humain, ce n'est pas sa structure, sa texture, c'est son humanité et sa capacité à s'en sortir, les deux étant liées.

Dans chacun des films de James Cameron, le réel n'existe pas : la réalité est seulement une représentation, une manipulation du spectateur par un réalisateur très doué. Dans *Aliens*, tout est vu à travers les yeux de Newt ; dans *Abyss*, c'est à travers ceux de Lindsey ; dans *Terminator 1*, à travers ceux de Sarah ; dans *Terminator 2*, à travers ceux de John ; dans *Titanic*, à travers ceux de Rose âgée, et enfin, dans *Avatar*, à travers ceux de Jake Sully dans son nouveau corps. À la fin des films, le spectateur peut se demander si ce qu'il a vu n'était pas un rêve (ou un cauchemar) de ces personnages.

Dans l'avant-propos, nous avions insisté sur cette thématique de la perception : effectivement, le spectateur est emmené par James Cameron à percevoir la réalité comme celle d'une personne en reconstruction, comme celle d'une personne qui s'en sort, comme celle d'une personne qui devient (encore plus) humaine.

Car chaque personne doit se recréer pour devenir elle-même. Pour devenir, dès lors qu'elle est prête, la nouvelle génération d'elle-même. Et arrêter, peut-être, son « analyse ».

> *Voilà, je pense que ce sera ma dernière contribution à ce journal de bord puisque, quoi qu'il arrive ce soir, de toute façon, je ne reviendrai pas ici. Il est temps de conclure. Quand c'est sa fête, il faut être ponctuel. On ne renaît pas tous les jours*[30]*. C'étaient les derniers mots de Jake Sully.*
>
> (dernière phrase de… jakesully.)

---

30. « My birth - day » (en VO).

TROISIÈME PARTIE

Les films de James Cameron

Dans cette partie, nous avons choisi de proposer une fiche par film de James Cameron (même si le réalisateur ne considère pas que *Piranha 2* fasse vraiment partie de sa filmographie).

Comme ce livre est tout sauf un guide, il n'a pas paru utile de détailler les différents films. Nous proposerons donc juste quelques éléments, permettant au lecteur de se repérer, libre à lui d'aller plus avant dans ses recherches dans les magazines, livres et sites spécialisés (cités dans la bibliographie), bien plus documentés que cette très modeste troisième partie. Cependant, il est important de présenter tous ces films, pour pouvoir se les remémorer facilement à la lecture de la première et deuxième partie.

Dans un livre consacré à l'univers de James Cameron mais centré sur *Avatar*, une analyse poussée de chaque film eût été déplacée. Nous nous contenterons de proposer une image forte par film majeur, une image - hommage à l'univers visuel du réalisateur, créateur graphique extrêmement doué.

Nul ne sait ce que James Cameron décidera pour la suite, puisque plusieurs projets sont en vue (*the Dive*, *Battle Angel*, *Avatar 2*). Malgré d'évidentes lourdeurs et un côté naïf, son univers à la fois sombre et optimiste va probablement connaître de nouvelles orientations. C'est ce qu'il y a d'intéressant chez les grands créateurs : ils ne parviennent jamais exactement là où ils sont attendus.

À travers cet ouvrage, j'espère avoir, bien modestement, participé à la compréhension de l'univers d'un artiste riche et complexe. J'espère que ceux qui souhaitent simplement trouver ici des échos à leur propre questionnement sur James Cameron seront, du moins en partie, satisfaits.

À la vision de ses premiers films – il y a déjà bien longtemps –, j'étais sûr que le jeune réalisateur James Cameron avait de la densité et de la dimension.

Je pense ne pas m'être totalement trompé.

PIRANHA 2

TITRE ORIGINAL : *Piranha Part Two : The Spawning*

RÉALISATION : James Cameron

SCÉNARIO : H.A. Milton

PRODUCTION : Chako Van Leeuwen, Jeff Schechtman et Ovidio G. Assonitis

SOCIÉTÉS DE PRODUCTION : Brouwersgracht Investments, Chako Film Company

MUSIQUE : Stelvio Cipriani

PHOTOGRAPHIE : Roberto D'Ettorre Piazzoli

MONTAGE : Roberto Silvi

DIRECTION ARTISTIQUE : Vincenzo Medusa, Stefano Paltrinieri

COSTUMES : Nicoletta Ercole

DURÉE : 84 minutes

DATES DE SORTIE : 5 janvier 1983 (France) ; juin 1983 (États-Unis)

RÔLES PRINCIPAUX : Tricia O'Neil (Anne Kimbrough) ; Steve Marachuk (Tyler Sherman, le biochimiste) ; Lance Henriksen (Steve Kimbrough, le policier) ; Ricky Paull Goldin (Chris Kimbrough) ; Ted Richert (Raoul, le directeur de l'hôtel) ; Leslie Graves (Allison Dumont) ; Connie Lynn Hadden (Loretta)

SYNOPSIS :

Dans une île des Caraïbes, un couple est retrouvé mort dans un navire qui a coulé. Anne Kimbrough, qui est instructeur, constate que les corps ont été dévorés. Elle étudie les photographies des dommages et veut faire une étude de nuit. Cela se passe mal et elle est sauvée par Tyler. Ce dernier lui dit qu'il est biochimiste, et que les piranhas sont un modèle génétiquement modifié capable de voler qu'ils avaient conçu.

Malheureusement, ils ont perdu une bouteille pleine de la nouvelle race dans l'eau, et ces piranhas attaquent les personnes. Anne et Tyler décideront alors de faire sauter le navire pour détruire le nid des prédateurs.

Terminator

Titre original : *The Terminator*

Réalisation : James Cameron

Scénario : James Cameron, Gale Anne Hurd et Harlan

Production : Gale Anne Hurd, John Daly, Derek Gibson

Sociétés de production : Hemdale Film Corporation, Pacific Western, Euro Film Funding, Cinema 84

Distribution : Orion Pictures

Musique : Brad Fiedel

Direction artistique : George Costello

Costumes : Hilary Wright

Effets spéciaux : Stan Winston, Roger George et Frank DeMarco

Photographie : Adam Greenberg

Son : Richard Lightstone

Montage : Mark Goldblatt, James Cameron

Budget : 6,4 millions de dollars

Durée : 1 h 46

Dates de sortie : États-Unis : 26 octobre 1984 ; France : 24 avril 1985

Rôles principaux : Arnold Schwarzenegger (T-800) ; Michael Biehn (Kyle Reese) ; Linda Hamilton (Sarah J. Connor) ; Paul Winfield (lieutenant Ed Traxler) ; Lance Henriksen (inspecteur Hal Vukovich) ; Bess Motta (Ginger Ventura) ; Earl Boen (Dr Peter Silberman) ; Rick Rossovich (Matt Buchanan)

Synopsis :

Le film se passe en 2029, un futur post-apocalyptique : des robots cherchent à exterminer ce qui reste de la race humaine. Retour en 1984. Un être apparaît dans une sorte de nuage électrique : c'est un Terminator, arrivé du futur pour tuer Sarah Connor, mère du chef de la résistance. Dans un autre nuage, c'est Kyle Reese qui apparaît : il est le combattant de la résistance envoyé par son chef pour protéger Sarah Connor.

Le Terminator liste les Sarah Connor de l'annuaire téléphonique et commence à les éliminer. Avertie, Sarah cherchera refuge dans une discothèque et téléphone à sa colocatrice pour l'avertir. Mais le Terminator, qui a déjà tué la jeune femme, accourt vers la boîte de nuit après avoir entendu son message. Heureusement, Kyle Reese arrive aussi à retrouver Sarah, et la sauve *in extremis* de l'attaque du Terminator.

Ensuite, Kyle explique à Sarah Connor pourquoi elle est attaquée, pourquoi le réseau informatique Skynet va soudain devenir autonome et lancer un Holocauste nucléaire de l'humanité. Ce sera le fils de Sarah John qui fédérera les survivants : il prendra la tête de la résistance contre Skynet et son armée de machines. Skynet a conçu un Terminator, come une machine à tuer sans émotion, avec un squelette métallique et une couche externe de tissu vivant pour qu'il ressemble à un être humain.

Ils sont de nouveau attaqués par le Terminator, ce qui conduit à une poursuite en voiture. Ils sont finalement arrêtés : le lieutenant Ed Traxler et l'inspecteur Hal Vukovich expliquent à Sarah que Kyle est fou. Celui-ci est interrogé par un psychiatre, le Dr Silberman, qui conclut à la paranoïa. C'est alors que le Terminator attaque le poste de police : il tue de nombreux policiers en cherchant à localiser Sarah Connor. Cette dernière accompagnée de Kyle réussit à s'enfuir et ils trouvent refuge dans un motel. Kyle avoue qu'il est tombé amoureux de Sarah après avoir reçu une photo d'elle par son fils : ils font l'amour, ce qui aura pour conséquence que Sarah Connor deviendra enceinte.

Dans la scène suivante, le Terminator les retrouve au motel et blesse Kyle. Une course-poursuite s'engage, et le Terminator est pris dans l'explosion d'un camion-citerne. Seul son squelette reste, un robot au regard vide. Kyle envoie une bombe, qui détruit partiellement le Terminator, mais lui-même est tué. Ce qui reste du Terminator se traîne vers Sarah, à l'aide de son bras. Enfin, elle arrive à l'emmener sous une presse hydraulique, pour l'écraser.

La dernière séquence montre Sarah sur le chemin du Mexique, alors qu'elle enregistre des cassettes audio à l'intention de son futur fils John. Elle ne sait pas si elle doit lui dire qui est son père. C'est à ce moment-là qu'un jeune Mexicain prend une photo d'elle : ce sera le fameux portrait que Kyle aura entre les mains. Le spectateur la voit conduire, mais une tempête s'annonce.

S'IL NE FAUT GARDER QU'UNE IMAGE...

C'est probablement la vision du crâne métallique du Terminator T-800. James Cameron fantasme probablement sur une architecture métallique au fond de chaque individu, ce qui nous apparaît comme une structure paternelle froide, désincarnée mais qui a le mérite d'exister. Le regard de ce T-800 a été particulièrement travaillé, et cette image représente un tel choc visuel qu'elle marquera pour toujours l'histoire du cinéma (pas seulement le cinéma de science-fiction).

Winston et ses assistants ont dû créer des maquettes en respectant à la lettre le dessin de James Cameron : le résultat est époustouflant de réalisme. Derrière cette image se cachent la dialectique humain/non-humain, l'obsessionnel, la violence, la mort. Il n'est pas anodin que cette figure apparaisse dans ce premier (véritable) film : la lutte contre le père est une figure imposée pour un homme. Cette image très marquante laissera place à d'autres, plus subtiles (comme dans *Terminator 2*), mais sans rien enlever de la force de cette image fondatrice.

Aliens, le retour

Titre original : *Aliens*

Réalisation : James Cameron

Scénario : James Cameron, David Giler, Walter Hill

Décors et costumes : Peter Lamont, Emma Porteus

Photographie : Adrian Biddle

Montage : Ray Lovejoy ; James Cameron

Production : Gale Anne Hurd, Gordon Caroll, Walter Hill, David Giler

Sociétés de production : Twentieth Century Fox, Brandywine Productions, SLM Production Group

Musique : James Horner

Design : Hans Ruedi Giger, Ron Cobb

Effets spéciaux : John Richardson

Budget : 18,5 millions de dollars

Durée : 137 minutes

Sortie : États-Unis : 18 juillet 1986 ; France : 8 octobre 1986

Rôles principaux : Sigourney Weaver (Ellen L. Ripley) ; Carrie Henn (Newt) ; Michael Biehn (caporal Hicks) ; Lance Henriksen (Bishop) ; Paul Reiser (Carter J. Burke) ; Bill Paxton (William Hudson) ; William Hope (Gorman) ; Al Matthews (Apone) ; Jenette Goldstein (Vasquez)

Synopsis :

Le film commence avec l'image d'Ellen Ripley, qui se trouve être la seule survivante du Nostromo, le cargo spatial du premier épisode. Après avoir dérivé pendant cinquante-sept ans en hypersommeil, elle est enfin sauvée. Très vite, elle subit – c'est le mot – un entretien devant un groupe de personnes composé de cadres de la Weyland-Yutani Corporation. Le moins qu'on puisse dire est que son témoignage sur l'alien est accueilli avec scepticisme : aucune preuve physique de la créature n'a été trouvée. Logiquement, Ripley perd sa licence de vol dans l'espace à la suite de ce jugement.

Elle apprend assez vite qu'une colonie s'est développée sur LV-426, la planète où son équipage avait tout d'abord rencontré les œufs. Le représentant de la compagnie, prénommé Carter Burke, lui apprend que le contact a été perdu avec la colonie sur LV-426 : c'est pourquoi la compagnie a décidé d'envoyer une troupe de marines pour voir sur place. Carter fait une proposition à Ripley : lui redonner son autorisation de vol si elle les accompagne en qualité de consultante. Ripley refuse, mais change d'avis après s'être rendu compte que des cauchemars d'aliens la hantaient.

À bord du vaisseau spatial Sulaco, elle rencontre le sergent Apone, le caporal Hicks, les soldats Vasquez, et Hudson, mais surtout l'humanoïde ou androïde Bishop. À la surface de LV-426, ils trouvent la colonie apparemment abandonnée. Ils s'aperçoivent de la présence d'une petite fille, terrée et traumatisée surnommée Newt. Les marines pensent que les colons sont réfugiés quelque part, mais ils ne trouvent qu'un immense nid, rempli de cocons d'aliens. Les troupes sont immédiatement attaquées, et massacrées à l'exception de quelques-uns, dont Hicks, Vasquez et Hudson, sauvés par Ripley. Comme Gorman a été assommé pendant le sauvetage, Hicks prend le commandement d'une navette pour récupérer les survivants. Toutefois, un alien qui s'est faufilé, tue les pilotes en vol, avec pour conséquence l'écrasement de la navette. Les quelques survivants n'ont pas d'autre choix que de se barricader à l'intérieur du complexe.

Ripley découvre que Burke espérait pouvoir récupérer quelques spécimens d'aliens, pour les vendre à des laboratoires. Elle menace de le dénoncer. Mais l'urgence est ailleurs : la station de traitement très endommagée est instable et va exploser dans un délai assez court : la seule manière est qu'un volontaire puisse aller vers l'émetteur de la colonie, afin de télécommander la deuxième navette de secours : le seul volontaire qui en a les capacités est Bishop.

Durant la nuit, Ripley et Newt, qui dorment dans le laboratoire médical, sont réveillées par les deux spécimens d'aliens qui se révèlent être en vie. Elles sont sauvées de justesse, non sans s'apercevoir que Burke les a volontairement sacrifiées. Soudain, l'électricité est coupée : les aliens arrivent de tous côtés, notamment par les conduits au plafond : Hudson, Burke, Gorman et Vasquez sont tués et la petite Newt capturée.

Il ne reste que Ripley et Hicks, blessé. Mais avant d'aller retrouver la navette, Ripley veut encore sauver Newt. Elle s'arme et va au fond de la

« ruche », là où les œufs sont entreposés. Elle sauve Newt, et détruit la plupart des œufs, ce qui entraîne la colère de la reine, qui se met à sa poursuite. Ripley et Newt parviennent à se sortir de la situation : juste avant que l'explosion nucléaire ne se produise. De retour à la station spatiale, la reine des aliens, qui s'était accrochée au train d'atterrissage, tue Bishop en le découpant en deux. Ripley doit utiliser une machine pour mener une dernière et fantastique bataille contre la reine : les deux tombent dans un sas, la reine des aliens est éjectée dans l'espace, et Ripley s'en sort. Avec Higgs et Newt, elle peut enfin repartir.

S'il ne faut garder qu'une image...

C'est probablement la vision de Ripley dans son robot qui sort pour affronter la reine des aliens. D'autres images sont intéressantes : l'image de la reine dans son antre lorsque Ripley se retourne, l'image du tentacule qui apparaît derrière Newt dans l'eau...

Mais, définitivement, Ripley dans son armure, c'est toute la puissance d'une femme qui se trouve démultipliée par l'apport d'une armure. Pas d'armes à feu, pas d'armes nucléaires, juste des bras robotiques qui agrippent le reine-mère alien pour l'expulser hors du monde. Tout le fantasme de la nécessité d'être armé, symboliquement ou non, pour affronter l'étranger, la mère abusive, avec des armes de père. James Cameron voulait que les spectateurs pensent que Ripley pouvait gagner la bataille en se mettant au niveau de la créature.

Il faut voir dans ce combat (pour la survie, entre autres de Newt) un jeu de miroir entre l'héroïne et la reine mère, les deux représentants, les deux facettes d'un même fantasme. À une différence près : chez Ripley, il y a de l'humanité. Et, chez James Cameron, ce sont toujours les personnages qui ont de l'humanité en eux qui survivent.

ABYSS

TITRE ORIGINAL : *The Abyss*

RÉALISATION : James Cameron

SCÉNARIO : James Cameron

PRODUCTION : Gale Anne Hurd ; Van Ling, Société de production Twentieth Century Fox, Lightstorm Entertainment, Pacific Western

MUSIQUE : Alan Silvestri, Robert Garrett

DÉCORS : Joseph Nemec III, Russell Christian, Anne Kuljian

COSTUMES : Deborah Everton

DIRECTEUR DE LA PHOTOGRAPHIE : Mikael Salomon

EFFETS SPÉCIAUX : David Amborn

EFFETS VISUELS : John Bruno, Dennis Muren, Hoyt Yeatman, Dennis Skotak

MONTAGE : Conrad Buff, James Cameron, Joel Goodman, Steven Quale, Howard E. Smith

BUDGET : 69,5 millions de dollars

DURÉE : 1 h 46 et 1 h 71 (version longue)

SORTIE : États-Unis : 9 août 1989 ; France : 27 septembre 1989

RÔLES PRINCIPAUX : Ed Harris (Virgil « Bud » Brigman) ; Mary Elizabeth Mastrantonio (Lindsey Brigman) ; Michael Biehn (Lieutenant Hiram Coffey) ; Leo Burmester (Devries) ; Todd Graff (Alan « Hippy » Carnes) ; John Bedford Lloyd (Jammer Willis) ; J.-C. Quinn (Arliss « Sonny » Dawson) ; Kimberly Scott (Lisa « One Night » Standing) ; J. Kenneth Campbell (commandant DeMarco) ; Ken Jenkins (Gerard Kirkhill, représentant de la Benthic Petroleum Co.) ; Chris Elliott (Bendix)

SYNOPSIS :

Un sous-marin américain, l'USS Montana, coule près de la Cayman Trough, après un choc avec un objet non identifié. Comme les Soviétiques décident de se diriger vers la région, les Américains décident que la façon la plus rapide pour monter une opération de sauvetage est d'intégrer une station sous-marine expérimentale, liée à une plate-forme pétrolière. C'est le concepteur de la plate-forme, le Dr Lindsey Brigman qui insiste pour accompagner l'équipe SEAL, même si son futur ex-mari, Virgil « Bud » Brigman est actuellement le responsable de la plate-forme.

Ils repèrent très vite des créatures étranges, qu'ils ne peuvent identifier : ils les appellent NTI (*non terrestrial intelligence*). Sur ordre du lieutenant Coffey, l'équipe décide d'utiliser la plate-forme sous-marine pour récupérer une ogive d'un missile Trident. Mais, à ce moment-là, l'ouragan se déchaîne à la surface, et la grue et tout son système de câbles tombent dans l'eau, entraînant la plate-forme ensemble au bord de la falaise. De nombreux membres d'équipage meurent. Les survivants tentent alors de rétablir le courant.

C'est alors qu'un NTI, sous la forme d'une colonne d'eau vivante, explore la plate-forme : Coffey l'élimine parce qu'il voit en lui une menace. En réalité, le mal des profondeurs l'a fait devenir paranoïaque. Ce dernier décide de l'envoi de l'ogive dans le gouffre, pour détruire tout ce qu'il y a là-bas. Après de nombreuses poursuites, Coffey tombe dans la fosse, où il est écrasé par la pression. Bud et Lindsey ne peuvent arrêter la chute de la charge nucléaire. Comme leurs protections ont été abimées, Lindsay force Bud à revêtir l'unique combinaison de survie, lui expliquant qu'elle peut survivre quelques minutes dans cette eau glacée, grâce à un probable ancien réflexe de mammifère. Bud la tracte, inconsciente, jusqu'à la plate-forme et, miraculeusement, grâce aux massages cardiaques, elle survit. Cette renaissance les rapproche, eux dont l'amour semblait perdu.

Bud se porte volontaire pour utiliser le nouveau système liquide pour respirer plus longtemps et commence son plongeon dans la fosse. Mais, à cause de ce système, il ne peut pas parler et communique à l'aide d'un clavier. Il parvient à désamorcer l'arme, mais la plongée a pris trop de temps : conscient qu'il ne peut plus remonter, il décide de rester, malgré les supplications de Lindsey : il lui dit qu'il l'aime, dans un dernier message. C'est alors qu'il entrevoit des lumières vives : ce sont les NTI qui l'emmènent et lui donne de l'oxygène. Ils lui montrent, à travers un écran d'affichage, plusieurs vidéos tirées de la télévision, où l'on voit le comportement destructeur de l'humanité. Ils lui montrent aussi les propres messages de Bud, où il fait preuve de courage, d'amour et d'abnégation pour Lindsay.

Croyant Bud mort, Lindsey et l'équipage n'en reviennent pas lorsqu'ils entendent Bud leur répondre, leur enjoignant de se préparer à quelque chose d'exceptionnel. Les NTI remontent de la surface dans un énorme vaisseau translucide, et avec lui la plate-forme. Bud émerge de leur vaisseau, et Lindsey se précipite vers lui.

Dans le *director's cut*, les NTI créent d'énormes tsunamis qui vont menacer chaque pays, mais renoncent en voyant les messages de Bud.

S'IL NE FAUT GARDER QU'UNE IMAGE...

C'est probablement la vision de la créature d'eau que touche Lindsay. D'autres images auraient été intéressantes : peut-être l'image de Bud et elle dans le petit submersible, celle de Lindsay qui vient de se noyer, ou celle du message de Bud alors qu'il est censé être mort.

Il est vrai que dans cette créature d'eau, il y a tout James Cameron : le mélange entre le liquide et le solide, le toucher (comme E.T.), la fragilité de la vie (la créature disparaît brutalement). On peut y voir la question habituelle que se pose le réalisateur : qu'est-ce qui fait qu'un être est vivant, si ce n'est pas sa matière, sa structure métallique, sa chair et son sang ?

Au-delà de cette question se trouve la problématique de la mort et de la vie, avec la résurrection possible (entre autres de cette créature). Qu'est-ce qui définit un être « vivant » ou un être « humain » ?

TERMINATOR 2, LE JUGEMENT DERNIER

TITRE ORIGINAL : *Terminator 2 - Judgment Day*

RÉALISATION : James Cameron

SCÉNARIO : James Cameron et William Wisher Jr.

PRODUCTEUR : James Cameron, Stephanie Austin, B.J. Rack, Gale Anne Hurd, Mario Kassar

PRODUCTION : Carolco Pictures, États-Unis ; StudioCanal, France ; Lightstorm Entertainment, États-Unis ; Pacific Western, États-Unis

PRODUCTEUR EXÉCUTIF : Gale Anne Hurd, Mario Kassar

DIRECTEUR DE LA PHOTOGRAPHIE : Adam Greenberg

MAQUILLEUR : Stan Winston et Jeff Dawn

DIRECTEUR ARTISTIQUE : Joseph P. Lucky

MUSIQUE : Brad Fiedel

MONTEUR : Conrad Buff, Mark Goldblatt, Richard A. Harris, James Cameron

EFFETS SPÉCIAUX : Stan Winston, Joe Viskocil

CHEF DÉCORATEUR : Joseph Nemec III, John M. Dwyer

ANIMATION, EFFETS SPÉCIAUX : Dennis Muren

BUDGET : 120 millions de dollars

DURÉE : 136 minutes

DATES DE SORTIE : États-Unis : 3 juillet 1991 ; France : 16 octobre 1991

RÔLES PRINCIPAUX : Arnold Schwarzenegger (T-800) ; Linda Hamilton (Sarah Connor) ; Edward Furlong (John Connor) ; Robert Patrick (T-1000) ; Joe Morton (Miles Bennett Dyson) ; Earl Boen (Dr Silberman) ; S. Epatha Merkerson (Tarissa Dyson) ; Jenette Goldstein (Janelle Voight) ; Xander Berkeley (Todd Voight) ; Michael Edwards, Dalton Abbott

SYNOPSIS :

En 1995, nous sommes onze ans après l'époque du premier film. John Connor a grandi, il est âgé de dix ans et vit à Los Angeles avec sa famille adoptive. Sa mère Sarah Connor lui avait longuement expliqué son futur rôle comme chef de la résistance humaine contre les robots de Skynet. Cependant, Sarah Connor a été arrêtée après avoir tenté de bombarder une usine d'ordinateurs : elle est désormais dans un hôpital psychiatrique, sous très haute protection, toujours sous la responsabilité du Dr Silberman (premier film).

Mais Skynet envoie un nouveau Terminator, un T-1000 pour tuer John. Ce prototype est composé d'un métal liquide qui lui permet de prendre la forme et l'apparence de quelqu'un ou quelque chose qu'il touche. Comme il peut imiter la voix, il prend l'identité d'un policier et va se mettre à la poursuite de John. Mais un second Terminator est envoyé du futur, un T-800 reprogrammé pour protéger John du T-1000.

Les deux robots convergent vers John dans un centre commercial, et heureusement, il arrive à s'en sortir grâce à une moto conduite par le T-800. Celui-ci lui explique qu'il a été programmé pour protéger et obéir à John. Le premier ordre de ce dernier est de délivrer sa mère : ils rencontrent cette dernière alors qu'elle est en train de s'évader. Ils parviennent à échapper au T-1000. Le T-800 explique alors à John et à Sarah ce qu'il sait de Skynet, qui va lancer un holocauste nucléaire. Le responsable de sa création est un certain Miles Bennett Dyson, travaillant comme ingénieur à Cyberdyne Systems sur un microprocesseur révolutionnaire.

Après avoir récupéré des armes dans une ancienne cache, Sarah Connor envisage de fuir avec John à Mexique. Cependant, après avoir eu un horrible cauchemar d'une explosion nucléaire, elle se réveille avec l'envie de tuer Miles Dyson. Elle part seule, réussit à le blesser à son domicile, mais est incapable de le tuer devant sa famille. Arrivés sur place, John et le T-800 expliquent à Miles les conséquences de son travail. Ils apprennent qu'une grande partie de ses recherches se fait à partir du bras du Terminator précédent. Ils décident d'aller dans le bâtiment Cyberdyne pour récupérer le microprocesseur et le bras. Mais la police débarque et Miles est mortellement blessé : il reste derrière pour déclencher le détonateur afin de détruire ses recherches

Le T-1000 poursuit alors John, Sarah et le T-800. Après plusieurs rebondissements et une terrible bataille, le T-800 tire une grenade dans le T-1000, et celui-ci tombe dans une cuve d'acier fondu, où il est détruit. John jette les morceaux du premier Terminator dans la cuve. Mais le T-800 explique qu'il a lui-même une puce dans sa tête, et que John doit le mettre dans la cuve, car il ne peut pas s'autodétruire. Si un Terminator peut apprendre la valeur de la vie humaine, alors peut-être l'humanité n'est-elle pas condamnée à l'autodestruction, concluent Sarah et John Connor.

S'IL NE FAUT GARDER QU'UNE IMAGE...

C'est probablement la vision du T-1000 gelé par l'azote liquide. Certes, l'image du pouce du T-800 dans la cuve en fusion est très intéressante symboliquement et très riche émotionnellement, mais le robot T-1000 (Robert Patrick) qui se trouve provisoirement pétrifié est dantesque.

James Cameron a le don de créer des images marquantes et, ici, c'est l'image de la mort qui apparaît. Une pétrification qui correspond à un assèchement du vivant, comme la seule manière d'empêcher les millions de particules qui interagissent de continuer de le faire.

C'est tout l'univers en partie glacé de Terminator et de James Cameron qui se retrouve dans cette vision hallucinante (et brève, car le T-1000 va détruire cette gangue en se réchauffant, symbole de la résurrection).

True Lies

Titre original : *True Lies*

Réalisation : James Cameron

Société de production : Twentieth Century Fox

Production : Stephanie Austin et James Cameron

Scénario : James Cameron d'après le scénario original de Claude Zidi, Simon Michaël et Didier Kaminka

Photographie : Russell Carpenter

Montage : Conrad Buff, Mark Goldblatt et Richard A. Harris

Musique : Brad Fiedel

Budget : 115 millions de dollars

Durée : 144 minutes

Dates de sortie : États-Unis : juillet 1994 ; France : 12 octobre 1994

Rôles principaux : Arnold Schwarzenegger (Harry Tasker) ; Jamie Lee Curtis (Helen Tasker) ; Tom Arnold (Albert Gibson) ; Bill Paxton (Simon) ; Tia Carrere (Juno Skinner) ; Art Malik (Salim Abu Aziz) ; Charlton Heston (Spencer Trilby) ; Eliza Dushku (Dana Tasker) ; Grant Heslov (Faisil) ; Marshall Manesh (Jamal Khaled) ; James Allen (Colonel Rauter)

Synopsis :

Harry Tasker mène une double vie : il effectue des missions secrètes (dangereuses) pour l'Agence américaine de lutte contre le terrorisme. En revanche, sa femme Helen et sa fille Dana croient qu'il est un simple vendeur d'ordinateur chez Tektel Systems. Il ne passe guère de temps avec sa femme et sa fille, qui se sentent abandonnées.

Sa mission la plus récente l'amène sur la piste d'une organisation islamique terroriste connue sous le nom du « Jihad Crimson », dirigée par Salim Abu Aziz. Un jour, Harry surprend une conversation qu'a Helen au sujet d'un certain « Simon ». Il décide de traquer ce Simon, qui s'avère être un faux vendeur mais vrai séducteur. Helen est, par la suite, capturée puis emmenée dans une pièce avec, d'un côté du miroir, Harry. Il la questionne (avec une voix déformée) sur sa relation avec Simon et sur leur mariage : elle dit qu'elle voulait avoir l'aventure de sa vie pour une fois, depuis qu'Harry ne lui rien donné. On lui propose d'aller en prison ou d'effectuer une mission : elle accepte la deuxième proposition.

Après plusieurs quiproquos et beaucoup de situations spectaculaires, ce sont les hommes d'Aziz qui font irruption dans la chambre d'hôtel, pour prendre Helen et Harry en otage. Aziz révèle qu'il possède des ogives nucléaires cachées à l'intérieur des statues antiques. Après de nombreux rebondissements, Harry tirera un missile tuant tous les terroristes, Aziz en tête. Un an plus tard, toute la famille Tasker sera réunie, mais Harry et elle auront renforcé leurs liens après les événements de la Floride. Désormais, Harry et Helen seront partenaires pour l'Agence de lutte contre le terrorisme.

TITANIC

TITRE ORIGINAL : *Titanic*

RÉALISATION : James Cameron

SCÉNARIO : James Cameron

PRODUCTION : James Cameron et Jon Landau (producteurs) ; Rae Sanchini (producteur délégué) ; Al Giddings, Grant Hill et Sharon Mann (coproducteurs) ; Pamela Easley (productrice associée)

SOCIÉTÉS DE PRODUCTION : Twentieth Century Fox, Paramount Pictures et Lightstorm Entertainment

MUSIQUE : James Horner

DIRECTION ARTISTIQUE : Martin Laing et Charles Dwight Lee, sous la supervision de Peter Lamont

COSTUMES : Deborah Lynn Scott

PHOTOGRAPHIE : Russell Carpenter

EFFETS SPÉCIAUX : Digital Domain, ILM

SON : Christopher Boyes

MONTAGE : Conrad Buff, James Cameron, Richard A. Harris

BUDGET : 200 millions de dollars

DURÉE : 194 minutes

DATES DE SORTIE : États-Unis : 19 décembre 1997 ; France : 7 janvier 1998

RÔLES PRINCIPAUX : Leonardo DiCaprio (Jack Dawson) ; Kate Winslet (Rose Dewitt Bukater Dawson) ; Billy Zane (Caledon Hockley) ; Bill Paxton (Brock Lovett) ; Gloria Stuart (Rose Dawson Calvert) ; Frances Fisher (Ruth Dewitt Bukater, mère de Rose) ; David Warner (Lovejoy) ; Lewis Abernathy (Fabrizio) ; Suzy Amis (Lizzy Calvert) ; Kathy Bates (Molly Brown) ; Victor Garber (Thomas Andrews) ; Bernard Hill (commandant Edward John Smith) ; Jonathan Hyde (Bruce Ismay) ; Mark Lindsay Chapman (Second Wilde) ; Ewan Stewart (1er officier Murdoch) ; Jonathan Phillips (2e officier Lightoller) ; Michael Ensign (Benjamin Guggenheim)

SYNOPSIS :

Le film commence en 1996 avec le chasseur de trésors Brock Lovett qui explore l'épave du Titanic à la recherche d'un diamant bleu appelé le *Cœur de l'Océan*. Récupérant un coffre, il croit avoir trouvé ce diamant, mais ne récupère qu'un dessin, une ébauche de femme nue mais qui porte le fameux diamant. Ce dessin a été réalisé le 14 avril 1912, soit la nuit où le Titanic a coulé. Par la télévision, Rose Dawson Calvert, vieille dame de cent ans, prend connaissance du dessin, en présence de sa petite-fille : elle contacte le chasseur de trésors et l'informe qu'elle est la femme du dessin. Arrivée sur le lieu de recherche, elle commence à se rappeler ses souvenirs de la fameuse nuit. Elle commence son récit.

Nous sommes en 1912, Rose DeWitt Bukater accompagnée de sa mère embarque sur le paquebot avec son fiancé Caledon Hockley, richissime héritier. La mère de Rose pousse sa fille à se marier avec cet homme, parce qu'il est un excellent parti, entre autres sur le plan financier. Mais Rose étouffe dans cette vie-là, et décide de se suicider en sautant du navire. Au dernier moment, un jeune homme nommé Jack Dawson intervient pour la sauver. Lorsque les proches de Rose arrivent, elle leur explique que Jack lui a sauvé la vie en cachant sa tentative de suicide. Comme remerciements, Jack est invité à un dîner officiel en première classe, un dîner guindé comme il se doit.

Jack emmène alors Rose dans une « vraie fête », une fête avec danses et bières en troisième classe. Le bras droit de Caledon, Lovejoy, informe son maître de la présence de Rose à cette fête : on lui interdit de revoir Jack. Mais Rose ne l'écoute pas, et va à la rencontre de Jack à l'avant du navire, qu'elle embrasse face à la mer. Rose emmène Jack dans sa cabine et lui demande de faire son portrait, nue, avec seulement le diamant. Poursuivis par Lovejoy, ils se réfugient dans la cale du navire, où ils font l'amour. C'est au moment où le Titanic rencontre un iceberg et ne peut virer de bord à temps. Entre-temps, Caledon a découvert le dessin de sa fiancé, accuse Jack d'avoir volé le diamant que Lovejoy a mis dans le manteau de Jack. Jack est arrêté, menotté et conduit jusqu'au bureau du maître d'armes.

Le Titanic commence à sombrer, et rien ne pourra interrompre la catastrophe, comme l'explique l'architecte. Il faut juste sauver le plus de personnes possible, mais il n'y a pas assez de canots. Rose se met à la recherche de Jack, le retrouve et le délivre. Sur le pont de bateau, Cal et Jack persuadent

Rose de monter à bord un canot de sauvetage. Mais Rose saute sur le bateau, et retrouve Jack, que Caledon essaie de tuer, furieux de jalousie. Rose s'enfuit, avec le manteau de Caledon, dont une poche contient le « Cœur de l'Océan ». Caledon monte dans un canot de sauvetage en feignant de s'occuper d'un petit enfant apparemment abandonné. Dans un dernier élan, le paquebot se redresse à la verticale : Rose et Jack parviennent à s'emparer d'une porte en bois. Mais seule une personne peut monter et Jack ordonne à Rose de monter, en lui faisant promettre de ne jamais abandonner. Jack lui assure qu'elle vivra longtemps, qu'elle sera heureuse, et qu'elle mourra au chaud, dans son lit. Jack meurt de froid et Rose doit le laisser couler : après avoir hésité, elle attrape un sifflet et siffle pour que le canot de sauvetage la retrouve. Lorsque le bateau qui les a pris en charge (le Carpathia) accoste à New York, elle sait qu'elle s'appelle désormais Rose Dawson.

C'est la fin de son récit. Rose, âgée, sort en silence, la nuit, en robe de chambre, et lance le diamant au fond de l'océan, là où Jack repose. Elle l'avait gardé toutes ces années. Alors qu'elle dort (comme morte) dans son lit, le spectateur voit les photos de sa vie. La dernière image du film est celle de Rose qui vient retrouver Jack, en haut du grand escalier du Titanic. Elle le retrouve au bout de sa vie, car il a toujours été en elle : son élu.

S'il ne faut garder qu'une image...

C'est à coup sûr la vision de Rose et Jack enlacés à la proue du navire, avec un fondu enchaîné fabuleux avec l'épave du bateau (fondu qui fut complexe à élaborer, du point de vue technique). Le choix aurait pu être difficile entre Jack Dawson qui se fond dans les eaux de l'Atlantique, largué par Rose, le plan large sur le Titanic qui est à moitié submergé, le fondu enchaîné sur les yeux de Rose jeune et de Rose âgée, les deux amants en haut de l'escalier à la dernière image...

Mais non, l'image qui symbolise le film, c'est définitivement sûr celle-ci. Jack et Rose, c'est le début et la fin d'un monde pour Rose, mais le début d'un autre : larguant sa mère, son père, son univers d'avant, elle va vers une nouvelle vie, avec amour, mari, accomplissements, grâce à ce Jack symbolique. Elle doit tout à cet homme qui lui donnera son nom :

elle s'appellera Rose Dawson, du nom de ce père symbolique qui lui a dit : « Tu es belle au fond de toi, tu dois vivre, tu me feras de beaux enfants, tu n'abandonneras jamais, tu vivras très vieille. » Et un père symbolique, ce n'est pas le père froid et mécanique : ce père-là, pour une jeune fille, est définitivement jeune et beau (comme Leonardo DiCaprio), définitivement l'homme de sa vie.

Cet homme-là, Rose l'aura toujours au fond d'elle, même après l'avoir dissout dans les eaux : il est intégré en elle depuis ce fondu avec elle à la proue navire, depuis ce baiser, depuis ce fondu entre passé et présent. Dans cette image, les deux héros et le paquebot sont figés ensemble, sans enveloppe physique, sans temporalité, dans un extraordinaire fondu enchaîné résumant tout le film et, peut-être, tout l'univers de James Cameron.

Avatar

Titre original : *Avatar*

Réalisation : James Cameron

Scénario : James Cameron

Production : James Cameron, Jon Landau, Brooke Breton et Josh McLaglen

Producteur associé : Janace Tashjian

Producteurs exécutifs : Peter M. Tobyansen et Colin Wilson

Direction de la production : Rick Carter et Martin Laing

Sociétés de production : Twentieth Century Fox Film Corporation, Dune Entertainment, Giant Studios, Ingenious Film Partners, Lightstorm Entertainment

Photographie : Mauro Fiore, Vince Pace

Décors : Rick Carter et Robert Stromberg

Costumes : Mayes C. Rubeo et Deborah Lynn Scott

Effets visuels : Kevin McTurk, Brad Alexander, Brooke Breton, Shawn Dunn, Miguel A. Fuertes, Keith Lackey, Robert Legato, Joe Letteri, Ruth-Anne Loveridge, Joseph C. Pepe, Jacqueline Rosado, Mark Sagar

Musique : James Horner

Montage : James Cameron, John Refoua et Stephen E. Rivkin

Budget : 315 millions de dollars

Durée : 2 h 1

Dates de sortie : États-Unis : 18 décembre 2009 ; France : 16 décembre 2009

Rôles principaux : Sam Worthington (Jake Sully) ; Sigourney Weaver (Dr Grace Augustine) ; Stephen Lang (colonel Miles Quaritch) ; Michelle Rodriguez (Trudy Chacon) ; Giovanni Ribisi (Parker Selfridge) ; Joel Moore (Norman Spellman) ; Dileep Rao (Dr Max Patel) ; Zoë Saldaña (Neytiri) ; Wes Studi (Eytukan, chef du clan Omaticaya, père de Neytiri) ; CCH Pounder (Mo'at, la leader spirituel des Omaticaya, mère de Neytiri) ; Laz Alonso (Tsu'Tey).

SYNOPSIS :

L'histoire commence avec un « rêve » de liberté de Jake Sully, un ancien marine, paraplégique, qui se retrouve embarqué vers Pandora, une planète inhospitalière. Cette planète recèle un trésor : l'unobtanium, minerai précieux qui résoudrait la crise énergétique sur Terre. Pandora est habitée par les Na'vis, sortes d'humanoïdes bleus vivant en harmonie avec la nature, adorant une déesse Mère Nature appelée Eywa. Les scientifiques sur Pandora ont développé des hybrides humains-Na'vis appelés avatars, contrôlables *via* un lien mental. Jake Sully remplace au pied levé son frère jumeau, un scientifique tué quelque temps auparavant pour de l'argent.

Jake Sully se retrouve donc dans son nouveau corps, et avec le Dr Grace et l'anthropologue Spellman ils vont prélever des échantillons biologiques et des données dans la forêt. Attaqué, Jake Sully doit s'enfuir à travers la jungle, et il est sauvé par une princesse na'vi (Neytiri) qui reçoit un signe de la déesse : elle l'amène alors à l'arbre maison, le lieu où vit son clan, les Omaticayas. Le chef du clan et la chamane du clan (en fait, les parents de Neytiri) chargent leur fille d'enseigner à Jake tout ce qu'il doit savoir pour faire partie des leurs. Mais le colonel Quaritch y voit aussi un intérêt : il demande à Jack de lui fournir tous les renseignements sur l'arbre, pour l'abattre le moment venu, avec pour *deal* de l'inscrire à un programme médical pour lui redonner ses jambes. Mais le Dr Grace devient suspecte, et décide d'emmener Jake et Norman à un poste avancé dans la forêt.

Jake développe ses capacités, s'investit, grandit près de Neytiri, et finalement être choisi pour devenir un Omaticaya, tandis qu'il tombe amoureux de Neytiri. Il désactive un bulldozer qui commence à détruire la tribu, ce qui rend fou le colonel Quaritch qui veut éliminer cette tribu qui ne partira jamais du lieu que convoite la compagnie. Grace explique que la destruction de l'arbre, qui est formé d'un immense réseau de neurones, pourrait affecter toute la botanique. Le responsable Selfridge donne à Jake et Grace une heure pour convaincre le Na'vi de quitter leur arbre. Jake révèle alors sa mission d'origine au clan Omaticaya et à Neytiri, qui l'accuse alors de trahison : ils sont capturés.

Quaritch lance l'attaque et démolit l'arbre : le père de Neytiri est tué. Jake, Grace et Norman sont emprisonnés pour trahison. C'est alors que Trudy Chacón, pilote des forces de sécurité, dégoûtée des méthodes du colonel, les fait s'évader. Mais le Dr Grace est touchée par une balle. Jake décide d'attraper le géant des airs Toruk, un oiseau prédateur puissant que seuls cinq guerriers na'vis ont déjà apprivoisé. Il regagne la confiance des Omaticayas, et leur demande de sauver Grace. Mais il est trop tard. La tentative de transfert de Grace depuis son corps humain vers son avatar na'vi ne marche pas : elle succombe et rejoint Eywa.

Jake décide de fédérer plusieurs tribus et d'attaquer les humains, tout en priant Eywa, *via* une connexion à l'Arbre des âmes, d'agir en sa faveur pour la guerre contre l'envahisseur. Neytiri lui dit qu'elle n'interviendra jamais.

Quaritch décide d'attaquer le lieu sacré des Na'vis, mais se fait contrer par ces derniers. Ceux-ci, peu à peu débordés, reculent, Tsu'Tey et Trudy meurent au combat. Mais Eywa avait entendu l'appel : toute la faune de Pandora rejoint l'attaque et les animaux repoussent les ennemis. Jake détruit le bombardier avant qu'il ne puisse attendre le lieu sacré. Quaritch s'en sort et essaie de détruire le corps de Jake Sully, mais Neytiri le tue et sauve Jake. Les humains sont expulsés de Pandora, à l'exception de Jake, Norman et quelques autres. Jake porte alors les insignes du chef omaticaya, et le clan effectue le rituel pour transférer son âme dans son corps na'vi : la dernière image est son regard de Na'vi.

S'il ne faut garder qu'une image...

C'est sans aucun doute la dernière image : celle du regard de Jake Sully dans son nouveau corps. Il est vrai que l'image de la Na'vi Neytiri au côté de Jake Sully dans la jungle est très intéressante, du moins sur le plan graphique et symbolique : James Cameron a choisi de montrer des guerriers plus grands, peut-être inconsciemment pour symboliser un être qui aurait plus de « dimension ».

Dans ce dernier regard, c'est l'essence même de l'univers du réalisateur : la métamorphose, le mélange porté à son paroxysme, l'intégration du père symbolique, et donc la définition de l'être humain. Le nouveau « jakesully » est le seul et l'unique : celui qui l'a précédé dans un autre corps était du passé, et il est mort en même temps que son monde s'effondrait, après un travail de réflexion sur lui et une crise amenant à l'apocalypse.

James Cameron avait choisi dès le début du film *Titanic* que le dernier fondu enchaîné serait sur le double regard de Rose jeune et de Rose âgée. Il semble que, dès le premier scénario d'*Avatar*, il avait choisi dès le début de finir ainsi : probablement a-t-il construit tout ce film à rebours en partant, inconsciemment ou non, de cette extraordinaire dernière image.

Espérons que James Cameron saura à l'avenir nous proposer encore d'autres images marquantes…

Bibliographie

En ce qui concerne la biographie de James Cameron, on pourra se référer à celle de Rebecca Keagan (*the Futurist : the Life and Times of James Cameron, crown* Publishing Books, 2009).

Concernant ses films, les sites *IMDB*, *Premiere*, *Allocine* ou *Wikipedia* sont déjà très riches.

L'étude du scénario de *Titanic* est très intéressante dans *Titanic, James Cameron's Illustrated Screenplay,* Randall Frakes, Boxtree, 1998.

Pour les magazines, citons seulement le dernier hors-série sorti de Mad-Movies, sorti en décembre 2009 : *les Mondes de James Cameron*.

Les dessins, croquis et autres images sont très bien restitués dans le livre *Avatar*, aux éditions l'Archipel.

Enfin, voici une liste des livres touchant à la psychanalyse, qui est une des clés – pas la plus évidente – qui m'ont permis d'étudier l'univers de James Cameron.

ANARGYOS-KLINGER A., REISS-SCHIMMEL, WAINRIB (DIR.), *Monographies de la RFP, Créations, psychanalyse*, PUF, 1998.

ANDRÉ J., *Aux origines féminines de la sexualité*, PUF, 1995.

— *La Sexualité féminine*, PUF, coll. « Que sais-je ? », 1994.

ANZIEU D., *Les Enveloppes psychiques*, Dunod, 1987.

— *Le Moi-peau*, Dunod, 1987.

— *Émergence et troubles de la pensée*, Dunod, 1994.

— *La Pensée*, Dunod, 1994.

ARENES J., *Y a-t-il encore un père à la maison ?*, Fleurus, 1997.

— *Dis, un jour, moi aussi je mourirrai ?*, Fleurus, 1998.

— *Dépasser sa propre violence*, éditions de L'Atelier, 2001.

ASSOULINE P., *Hergé : biographie*, Gallimard, coll. « Folio », 1996.

— *Simenon : biographie*, Gallimard, coll. « Folio », 1992.

ASSOUN P. L., *Psychanalyse*, PUF, 1997.

AULAGNIER P., *L'Apprenti-historien et le maître-sorcier*, PUF, 1984.

— *La Violence de l'interprétation*, PUF, 1985.

BERGERET J., *Psychologie pathologique*, Masson, 1975.

— *La Dépression*, Payot, 1975.

— *La Pathologie narcissique*, Dunod, 1995.

— *Narcissisme et états-limites*, Dunod, 1995.

— *La Sexualité infantile et ses mythes*, Dunod, 2001.

BETTELHEIM B., *Dialogues avec les mères*, Pluriel, trad., 1973.

— *Psychanalyse des contes de fées*, Pluriel, 1972.

BION W. R., *Aux sources de l'expérience*, PUF, 1962.

BIRRAUX A., *Les Phobies*, PUF, coll. « Que sais-je », 1995.

— *Parce qu'il faut bien quitter l'enfance*, La Martinière, 2002.

BOWLBY J., *Attachement et perte*, PUF, 1978.

BRETTE, F., *Le Traumatisme et ses théories*, RFP n° 6, 1988.

CHASSEGUET-SMIRGEL J., *La Sexualité féminine*, ouvrage collectif, Payot, 1964.

— *Les Deux arbres du jardin*, éditions Des Femmes, 1988.

CHOUVIER B., *Symbolisation et processus de création*, Dunod, 1998.

COURNUT J. ET M., *La Castration et le féminin dans les deux sexes*, RFP, 1993.

COUVREUR C., *Filiations nostalgiques*, RFP, 1994.

CYRULNIK B., *L'Ensorcellement du monde*, Odile Jacob, 1997.

— *Les Vilains Petits Canards*, Odile Jacob, 2000.

DARCHIS E., *Ce bébé qui change votre vie*, tomes I et II, Fleurus, 2000.

DONNET J.L., *Lord Jim ou la honte de vivre*, in *Adolescence*, T. XI-1, 1993.

FAURE-PRAGIER S., *Les Bébés de l'inconscient. Le psychanalyste face aux stérilités féminines aujourd'hui*, PUF, 1997.

Fédida P., *Des bienfaits de la dépression*, Odile Jacob, 1999.

Freud S., *Pulsions et destins des pulsions*, Métapsychologie, Gallimard, 1915.

— *Malaise dans la culture*, in *OCP* XVIII, 1929.

— *L'Homme Moïse et la religion monothéiste*, Gallimard, 1986.

— *Trois essais sur la théorie sexuelle*, Gallimard, 1905.

— *Les Théories sexuelles infantiles*, in *La Vie sexuelle*, PUF, 1908.

— Malaise dans la culture, in *OCP*, T. XVIII, PUF, 1994.

— *Le Moi et les mécanismes de défense*, PUF, 1967.

— *Trois essais sur la théorie sexuelle*, trad. P. Koeppel, Gallimard, 1905.

— *Sur la sexualité féminine*, trad. D. Berger, J. Laplanche, PUF, 1931.

— *La Féminité, Nouvelles conférences d'introduction à la psychanalyse*

Geissmann C., Houzel D. (Dir), *L'Enfant, ses parents et le psychanalyste*, Bayard, 2000.

Golse B., *Bébés en réanimation*, Odile Jacob, 2001.

— *Du corps à la pensée*, PUF, 1999.

— *L'Être-bébé*, PUF, 2006.

Golse B., Cohen-Solal J., *Au début de la vie psychique*, Odile Jacob, 1999.

Green A., *Le Travail du négatif*, éditions de Minuit, 1993.

— *La Folie privée*, Gallimard, 1990.

— *La Pensée clinique*, Odile Jacob, 2002.

— Le Narcissisme moral, in *Narcissisme de vie, narcissisme de mort*, éditions de Minuit, 1983.

GUILLAUMIN J., *Le Rêve et le moi,* PUF, 1979.

HAAG G., Nature de quelques identifications dans l'image du corps, in *Journal de la psychanalyse de l'enfant,* 1992.

HOCHMANN J., *La Consolation*, Odile Jacob, 1994.

— *Pour soigner l'enfant autiste*, Odile Jacob, 1997.

— *Histoire de l'autisme*, Odile Jacob, 2009.

JEAMMET N., *Les Violences morales*, Odile Jacob, 2001.

KAES R., *Crise, rupture et dépassement*, Dunod, 1995.

LAPLANCHE J., *Entre séduction et inspiration : l'homme*, PUF, 1999.

— *Nouveaux fondements pour la psychanalyse*, PUF, 1987.

LAPLANCHE et PONTALIS, *Vocabulaire de la psychanalyse*, PUF, 1987.

LEBOVICI S., *Le bébé, le psychanalyste et la métaphore*, Odile Jacob, 2002.

— *Le Nourrisson, la mère et le psychanalyste*, Le Centurion, 1983.

MALBRUNOT L., *Au secours, où sont mes repères ?*, Édilivre, 2007.

— *Cold Case, les cicatrices du passé*, Alphee, 2010.

MAUCO G., *Psychanalyse et éducation*, Aubier, 1968.

MIJOLLA (DE) A., *Les Visiteurs du moi*, Les Belles-Lettres, 1986.

PONTALIS J.-B., *Entre le rêve et la douleur*, Gallimard, 1977.

— *L'Amour des commencements*, Gallimard, 1986.

— *Perdre de vue*, Gallimard, 1988.
— *Un homme disparaît*, récit, Gallimard, 1996.

POUSSIN G., *Psychologie de la fonction parentale*, Dunod, 1993.

RIBAS D., *Winnicott*, PUF, 2000.

ROSOLATO G., *Le Sacrifice, repères psychanalytiques*, PUF, 1987.

SCHNEIDER M., *Big mother*, Odile Jacob, 2002.

TISSERON S., *Psychanalyse de l'image*, Dunod, 1995.
— *Le Bonheur dans l'image, Les empêcheurs de penser en rond*, Synthélabo, 1996.
— *Y a-t-il un pilote dans l'image ?*, Aubier, 1998

TUSTIN F., *Le Trou noir de la psyché*, Le Seuil, 1989.

VIDERMAN S., *La Construction de l'espace analytique*, Denoël, 1970.

WIDLÖCHER D., *Métapsychologie du sens*, PUF, 1986.

WINNICOTT, D.W.W., *La Crainte de l'effondrement et autres situations cliniques*, Gallimard, 2000.
— *Conseils aux parents*, Payot, 1995.
— *Jeu et réalité, espace potentiel*, Gallimard, 1975.

Remerciements

Tout d'abord un grand merci à Jean-Paul Bertrand (entre autres pour sa réactivité), ainsi qu'à toute l'équipe des éditions Alphée : sans eux, ce livre n'aurait pas pu voir le jour.

J'ai également une pensée particulière pour ma famille, notamment mes enfants, Jean-Baptiste, Louis et Augustin que j'emmène avec moi – forcément un peu – dans l'univers de ce grand réalisateur.

Et, si je puis me permettre, un très grand merci à James Cameron lui-même : ces films ont souvent été des chocs pour moi. Et les chocs font toujours avancer.

Table des matières

Cet ouvrage a été imprimé par
CPI Firmin Didot à Mesnil-sur-l'Estrée
pour le compte des Éditions Alphée
en mai 2010

Éditions Alphée • Jean-Paul Bertrand
28, rue Comte-Félix-Gastaldi
Monaco

Dépôt légal : mai 2010
N° d'impression : 99863
Imprimé en France